자유독립을 위한 밀알
신석구

자유독립을 위한 밀알
신석구

| 김승태 지음 |

글을 시작하며

은재 신석구申錫九(1875~1950)는 기독교 목사요, 3·1독립선언서에 서명한 민족대표 33인 가운데 한 사람이다. 그의 삶은 크게 두 시기로 나누어 볼 수 있다. 1907년 7월 기독교를 믿기로 결심한 이전과 그 이후의 시기이다. 기독교를 믿기 이전의 삶은 전통적인 유교 신봉자로서 우리 민족사에는 거의 무관심한 사적인 삶을 살았다. 그러나 기독교를 믿은 이후로는 '기독교 구국론'에 근거하여 종교인으로서 줄곧 민족사에 관심을 갖고 참여하는 공적인 삶을 살았다. 특히 일제강점기 기독교 선교사들이 '정교분리'를 신앙의 신조처럼 강조하던 상황에서 고민하고 기도하는 가운데 이를 극복하고 신앙적 결단으로 민족대표로 참여를 결단한 점은 참으로 감동적이다. 그는 기도하는 가운데 하나님께서 우리 민족에게 주신 주권을 지키지 못하고 일제에게 빼앗긴 자체가 역사적인 죄이며, 그것을 찾을 만한 기회에 찾으려고 시도하지 않는 것도 또한 죄라는 것을 깨달았다.

그렇지만, 민족대표로 나서는 것은 주저하였다. 죽음이 두려워서 주저한 것이 아니라, 자신이 민족대표로서의 자격이 있나 하는 생각 때문이었다. 그래서 함태영에게 도장을 맡길 때도 나라도 필요하면 넣어달라며 도장을 맡겼다. 신석구 목사의 민족대표 참여 결단은 죽음을 각오한 결단이었다. 그는 자서전에서 이렇게 말한다.

예수 말씀하시기를 '밀알 하나가 땅에 떨어져 죽지 아니하면 그냥 한 알 그대로 있고, 죽으면 열매가 많이 맺힐 것이라' 하셨으니, 만일 내가 국가 독립을 위해 죽으면 나의 친구들 수천 혹 수백의 마음속에 민족 독립정신을 심을 것이다. 설혹 친구들 마음에 못 심는다 할지라도 내 자식 3남매 마음속에는 내 아버지가 독립을 위하여 죽었다는 기억을 끼쳐 주리니 이만 하여도 만족하다고 생각하였다.

그의 결단은 신앙적 결단이자 순국의 결단이었던 것이다. 그래서 그는 일제 경찰, 검사의 심문과 법정에서도 당당하게 일제 강점과 식민지배의 불법성, 부당성과 우리 독립의 정당성을 주장하였다. 그리고 "장래에도 또 독립운동을 할 것인가?"라는 검사의 심문에 "그렇다. 나는 한일합병에도 반대하였으니 독립이 될 때까지는 할 생각이다"라고 대답하였다. 그의 이러한 태도 때문에 뒤늦게 참여하여 준비과정에서 상대적으로 별다른 역할을 하지 못했지만, 징역 2년의 중형을 선고받고, 2년 8개월의 옥고를 치렀다.

그는 만기 출옥한 후에도 이른바 '요시찰인要視察人'으로 지정되어 일제 경찰의 감시와 간섭이 끊이지 않았다. 하지만, 이에 굴하지 않고 자신의 '기독교 구국론'에 입각한 목회활동을 활발하게 전개하였다.

1930년대 일제가 대륙침략을 재개하고 강요하던 신사참배에 대하여 그가 소속된 감리교회에서는 순응하는 태도를 보였지만, 그는 신앙 양심으로나, 민족의식으로 도저히 용납할 수 없었다. 그는 끝까지 자신도 반대할 뿐만 아니라, 교인들에게 그렇게 가르치고 설교하였다. 그로 인해 천안지방 감리사로 있던 1938년 7월 천안경찰서 유치장에 2개월이나 감금 생활을 해야만 했다. 그는 이러한 고난을 피하려 하지 않고 오히려 민족의 고난에 동참하는 것으로 생각했다.

1940년대에 들어 가장 가슴 아픈 일은 자신의 동향 친구이자 3·1독립선언의 동지인 정춘수 목사의 변절이었다. 그가 감리교의 통리가 되어 부일협력 활동을 하고 이른바 '혁신교단'을 만들어 감리교를 변질시켰던 것이다. 신석구 목사는 쇠고기를 사들고 그를 찾아가 충고하였지만 듣지 않았다. 교단은 그에게 오히려 "주관자 면직" 처분을 하여 교회를 담임하지 못하게 했다. 다행히 교인들의 항의로 면직 처분은 철회되고 얼마 후 임시로 다른 교회를 맡게 되었지만, 일제가 그를 가만두지 않았다. 1945년 5월 담임하던 유사리교회에서 설교중 일경에게 연행되어 평남 용강경찰서 유치장에 갇히게 되었다. 이른바 '대동아전쟁 전승 기원예배 및 국기(일장기) 게양' 지시를 따르지 않았다는 이유에서였다. 결국 신석구 목사는 그곳에서 해방을 맞았다.

  해방이 되었다고 해서 그의 고난이 끝난 것이 아니었다. 해방과 동시에 남북이 분단되고, 북한정권이 기독교계와 대립하면서 신석구 목사의 고난은 더 깊어졌다. 1946년 3월 3·1절 기념방송 사건, 1947년 6월 서부연회 사건 내지 기독교자유당 사건 등으로 정치보위부에 끌려가 수난을 당했다. 그러다 마침내 1949년 4월 진남포 지역 우익민족진영 인사들을 탄압하기 위하여 정치보위부에서 꾸민 '4·19 사건'으로 1심에서 사형 선고를 받고, 재심에서 징역 10년의 교화형을 받아 결국 평양 교외에 있는 인민교화소에서 복역하였다. 그러다가 6·25 전쟁이 일어나고, 유엔군의 북진으로 인민군이 퇴각하면서 1950년 10월 10일경 신석구 목사도 그곳 수감자들과 함께 처형된 것으로 생각된다. 그 가족들은 10월 19일 교화소를 찾아가 시체라도 수습하려 하였으나 찾을 수 없었다. 결국 그는 민족의 고난을 온 몸으로 짊어지고 순교, 순국한 것이다. 기독교를 믿은 이후 신석구 목사의 공생애는 한마디로 말하면 '우리 민족의 자유와 독립을 위한 희생의 삶'이었다고 할 수 있다.

  아무쪼록 이 작은 책이 신석구 목사의 삶을 이해하고, 그의 자기희생을 각오한 역사참여 의식과 결단, 그 실천을 기억하고 마음에 간직하는 데 조금이라도 도움이 된다면 더 바랄 것이 없겠다.

2015년 12월

김 승 태

┌ 차례

글을 시작하며 4

- 한학 공부와 청소년 시절의 방황 10
- 친구 대신 감옥에 28
- 기독교와의 만남과 목회자 훈련 42
- 독립을 심으러 3·1민족대표로 63
- 목회 활동과 기독교 구국론 84
- 신사참배 거부 항쟁 102
- 변질된 교회를 바로잡고자 119
- 유치장에서 맞은 해방 140
- 북한 정권과의 갈등 149
- 한 알의 밀알로 164

신석구의 삶과 자취 178
참고문헌 184
찾아보기 187

한학 공부와
청소년 시절의 방황

출생과 가계

신석구申錫九는 1875년 5월 3일(음) 충청북도 청주군 미원면 금관리 초개동에서 태어났다. 그의 아버지 신재기申在綺는 가난한 시골 선비였으며, 어머니 청해靑海 이씨는 이규석李奎錫의 딸이었다. 형제로는 위로 네 살 위인 형 석규錫奎(1871~1900)가 있었고, 아래로 여동생 셋이 있었다. 그의 어머니는 처녀 시절에 '부모거상 6년' 동안 고기를 입에 대지 않았던 효녀로 소문났다.

신석구 목사가 태어난 가문은 고려 개국공신 신숭겸申崇謙을 시조로 하는 평산平山 신씨 가문이다. 이 가문은 고려 말기 신호申浩 대에 이르러 호조판서의 벼슬을 지냈는데, 그는 사후에 사간공思簡公이라는 시호를 받아 평산 신씨 사간공파의 시조가 되었다. 조선조에 들어서도 8대조 신민

신석구 생가터가 있는 마을(충북 청주군 미원면 금관리 갯골)

일申敏一이 선조대에 동부승지와 대사성을 지냈고, 정묘호란과 병자호란 때는 피난 가는 인조를 호종하기도 했다. 5대조 신윤申銳은 경종 때 동지중추부사를 지냈고, 그의 아들 신사운申思運은 정조대에 대사간, 호조참판, 형조판서, 공조판서, 대사헌 등 벼슬을 하였다.

그러나 순조가 등극하면서 윤행임尹行恁의 여당與黨으로 몰려 탄핵을 받았다. 그의 후손들은 청렴한 선비로서 재야에 묻혀 살았지만, 충효를 중시하는 전형적인 선비 집안으로 주변의 칭송을 받았다. 신석구 목사는 시조 신숭겸의 30세 손, 중시조 사간공 신호의 15세 손이다. 이런 집안에서 자란 신석구의 아버지 신재기도 부모에게 지극한 효도를 하는 올곧은 선비로 소문나 있었다. 신석구 목사는 15세가 되던 해에 아버지가 돌아가셨으나, 평생을 아버지에 대한 존경심을 잃지 않았다. 그의 자서전에서 아버지에 대해 이렇게 회고한다.

> 아버지께서는 진실로 고향에서 명망이 높으셨다. 내가 열다섯 살 때에 연세 마흔 여섯으로 돌아가셨는데 일평생 고생으로 일관하셨기에 위대한 사업을 성취한 것은 없으나, 인륜도덕人倫道德에는 탁월하셔서 내가 본 바로는 이 시대에 나의 아버지 같으신 분이 없는 줄 안다. 나의 이 말은 하나님 앞에서 거짓말이 아니다.

신석구 목사가 이 자서전을 70세가 넘은 해방 후에 주변의 권유로 썼으니, 그때까지도 아버지에 대한 존경심이 사라지지 않았던 것이다.

개항과 개신교 선교사의 내한

신석구가 태어난 1875년은 메이지유신에 성공한 일본이 운요호사건雲揚號事件을 일으켜 우리나라의 개항을 압박하던 시기였다. 우리나라에서는 1873년 고종의 아버지 대원군의 섭정을 끝내고 고종이 친정을 하며, 그때까지의 쇄국정책을 개방정책으로 바꾸려던 전환기였다. 일본에서는 이웃 나라를 정벌하자는 '정한론征韓論'을 주장하는 메이지 공신 사이고[西郷隆盛]파와 내치內治 우선을 주장하는 오쿠보[大久保利通]파가 대립하여 결국 오쿠보파가 정권을 장악하게 되었다. 그러나 이 오쿠보 정권도 1874년 타이완[臺灣]을 침략하고, 1875년 우리나라 부산 앞바다에 군함을 보내 무력 시범을 보여 위협하는가 하면, 같은 해 9월 군함 운요호를 파견하여 불법적으로 우리 영해를 침범하여 강화도 앞바다에 나타나자 강화도 초지진草芝鎭 포대의 우리 수병들이 이를 물리치기 위하여 대포를 쏘았다. 그러나 이 대포는 군함에 미치지도 못하였고, 오히려 일본 군함에서 육전대를 상륙시켜 방화 살상을 하고 도주하였다. 그럼에도 불구하고 일본은 이 사건을 이용하여 우리나라를 개항시킬 목적으로 '침략적 의도가 없는 일본 군함에 불법 발포를 하였다'고 억지 주장을 했다.

일본은 1875년 12월 구로다[黑田淸隆]를 특명전권대신으로 임명하고, 군함 3척, 운송선 4척, 육전대 800여 명을 파송하여 강화도 갑곶甲串에 불법 상륙시켜 우리 정부에 협상을 강요하였다. 우리 정부는 신헌申櫶을 파송하여 협상한 결과 일본의 요구를 받아들여 1876년 2월 일반적으로 강화도조약이라고 부르는 조일수호조규朝日修好條規를 체결하였다. 이 조약의 주요 내용은 20개월 이내에 부산과 그밖에 두 개 항구를 개항한다는 것, 일본은 수시로 우리나라의 해안을 측량할 수 있다는 것, 개항장에는 일본의 조차지를 설정할 수 있고, 개항장에 거주하는 일본인은 치외법권을 갖는다는 것 등이어서 명백한 불평등조약이었다. 치외법권이란 일본인이 우리나라에서 범죄를 하더라도 우리 법률로 처벌할 수 없고 일본의 법률로 일본 법정에서 재판을 받게 하는 불평등한 조항이다. 일본은 개항시 미국 페리제독에게 당한 굴욕적 불평등조약의 경험을 그대로 우리나라에 강요했던 것이다. 일본은 이때부터 우리나라에 대한 정치적, 군사적, 경제적 침략을 착착 진행해 갔다.

1882년 7월에 일어난 임오군란은 개항 후 일본 세력의 침투와 구식군대에 대한 정부의 차별대우에서 촉발되었다. 정부는 1881년 4월 군제개혁으로 신식군대 양성을 위하여 별기군을 창설하였고, 같은 해 12월에는 종래의 5군영을 2군영으로 축소·개편하였다. 별기군은 일본인 교관을 두고 훈련시키며 특별대우를 하였지만, 구식군대는 봉록미도 제대로 지급하지 못해 불만이 많았다. 그러다가 1882년 7월 수개월 밀린 봉록미를 지급하는 데 그마저 거기에 겨와 모래가 섞여 있었다. 이에 격분한 구식군인들이 수령을 거부하고 항의하자 선혜청 당상 겸 병조판서 민겸호가 이들을 처벌하려고 잡아들였다. 구훈련도감 군인들이 이들을 구하고자 민겸호 집을 파괴하고, 재기의 기회를 노리고 있던 대원군을 찾아가 이 사실을 진정했다. 그 후 구식군대는 무기고를 습격하여 병기를 탈취하고 별기군 일본인 교관을 살해하고 일본공사관을 습격하였다.

민왕후(후에 명성황후)는 피신하고 고종은 이 사태를 진정시키고자 대원군을 궁에 불러들여 그에게 전권을 위임하였다. 이렇게 다시 집권한 대원군은 구식군대의 요구를 받아들여 별기군을 폐지하고 5군영을 부활시켰다. 개화정책을 담당했던 통리기무아문도 폐지하였다.

그러나 청나라에 파송되어 있던 영선사 김윤식의 요청으로 청나라가 3,000명의 군대를 파견하고, 군란의 책임자로 대원군을 납치하여 청나라로 데려가고 말았다. 청나라는 이 사건을 계기로 조선에 대한 종주권을 주장하면서 적극적인 속방화정책을 추진했다. 오장경과 원세개가 지휘하는 청군을 서울에 상주시켜 군사력을 통제하고, 마건충과 독일인 묄렌도르프 등 30여 명의 정치·외교 고문을 보내 조선의 내정과 외교를 적극적으로 간섭하였다. 그리고 그해에 맺은 조청수륙장정에서 청나라가 종주국임을 명시하였다.

　청나라의 도움으로 다시 정권을 잡은 민비와 민씨척족들도 이 무렵부터 청에 전적으로 의지하는 친청수구파로 변했다. 이러한 상황은 개화된 자주 독립국가의 건설을 꿈꾸던 김옥균을 비롯한 청년 개화파들을 자극하여 직접적인 행동에 나서게 했다.

　김옥균이 언제부터 정변을 준비하였는지 그 정확한 시기는 알 수 없다. 그러나 그가 1883년 6월 300만 엔 차관을 얻기 위해 일본에 건너가 있던 때부터일 것으로 추측한다. 그가 그때 정변에 필요한 화약을 일본에서 구입했고, 일본의 한 정치가에게 보낸 '개혁의견서'에서 조선의 개혁 방법으로 국왕의 비밀 칙령을 받아 평화적으로 개혁하는 안과 과감하게 개혁을 강행하는 안이 있다고 하면서, 자신은 정세로 보아 과감한 개혁 강행안을 지지한다고 밝힌 것이다. 더욱이 그는 이미 이때부터 국왕을 끼고, 일본인을 끌어들여 정변을 일으킬 생각을 하고 있었다. 김옥균이 구상한 개혁은 일본의 메이지유신과 같이 '위로부터의 개혁'이었다. 그리고 이것은 당시 정세로 보아 정변에 의한 방법밖에 없다고 생각했던 것이다.

　그러나 청국 군인이 3,000명이나 주둔하는 상황에서 정변을 일으키더라도 실패할 것은 불 보듯 뻔했다. 그런데 마침 베트남 침략과 관련하여 프랑스와 청나라 사이에 갈등이 생겨, 1884년 6월 양국 사이에 전쟁이 일어나고, 조선에 주둔하던 청군의 절반인 1,500명이 오장경의 인솔로 본국으로 철수하였다.

　김옥균이 정변을 결심하게 된 결정적인 계기는 친청수구파 및 묄렌도르프와의 대립이었다. 김옥균이 고종의 밀지를 얻어 일본에 개혁자금 300만 엔을 빌리러 갔을 때 묄렌도르프가 일본공사 다케조에와 결탁하여 이를 방해한 적이 있었다. 그리고 친청수구파는 묄렌도르프의 권고로 국가의 재정궁핍을 해결하려고 당오전을 주조하여 유통시켰으나, 오히려 이것이 물가를 올리고 재정을 혼란에 빠뜨렸다. 김옥균이 이를 추궁하자 묄렌도르프는 친청수구파에게 그를 지목하여 제거할 것을 선동하였다.

"지금 조선을 위해 제거해야 할 해독은 당오전이 아니다. 우선 속히 김옥균을 제거해야 한다. 모든 일에서 군주를 속이고 여러분에게 해를 끼치는 것은 곧 김옥균 뿐이다. 여러분은 무슨 까닭으로 해를 이루는 근본은 제거하려 하지 않고 그 말단을 고치려 하는가?"

김옥균이 먼저 정변을 일으키지 않으면 친청수구파에 의해서 제거될 수 있는 위기에 몰려 있었던 것이다. 이 무렵 개화파의 개혁에 냉담하였던 일본대사관이 적극성을 보이기 시작했다. 개화파를 이용하여 청 세력을 구축하고 일본의 세력을 확장시킬 수 있을 것이라는 기대 때문이었다. 1884년 10월 30일 일시 일본에 돌아가 있던 다케조에 공사가 다시 건너와 개화파의 개혁에 적극 원조할 듯한 태도를 보였다. 김옥균은 그러한 그의 태도를 신임하지는 않았으나, 친청수구파를 타도하는 데 이용할만한 가치는 있다고 생각했던 것 같다.

김옥균이 정변을 앞두고 개화파의 원로인 유홍기를 문병 갔을 때, 유홍기가 물었다. "일본공사가 귀임한 후 세상이 시끄럽고 대단히 술렁거리니 자네들도 대단히 위험하리라 생각되네. 지금 취해야 할 계책으로는 하루라도 빨리 일을 도모하는 것이 좋지만, 일본정부의 정략을 자네들이 잘 알고 있는가?"

"일본정부의 의도하는 바가 있는 듯합니다만, 설사 그들의 원조가 없더라도 우리 생각으로는 사태가 절박한 것이 마치 배수진에 식량이 떨어진 것과 같아 마냥 일본정부의 거동을 기다릴 수는 없습니다. 마침 다케조에의 귀임한 뒤의 기색을 보면 지나치게 과격하여 우리에게 재난이 덮칠 것 같습니다. 그러므로 운을 하늘에 맡기고 일사보국의 결의로 단행할 셈이니, 선생님은 부디 안심하시고 건강에 유의해 주십시오"라고 답했다.

김옥균이 일본공사 다케조에에게 정변 계획을 알리고 도움을 요청한 것은 정변 불과 열흘 전인 11월 25일이었다. 이 자리에서 다케조에는 일본 공사관 수비대 150명을 동원하여 국왕의 수비를 담당하고, 당분간 재정을 지원할 것을 약속했다.

한편, 개화파 동지인 홍영식도 일본에 수신사로 다녀온 후로 1883년 근대적인 우편제도를 실시하기 위하여 우정국을 창설하고 그 총판을 맡았다. 정변 거사일은 1884년 12월 4일 홍영식이 총판으로 있던 우정국 낙성식 축하연으로 잡았다. 이 자리에 수구파 요인들을 초청한 후 제거하려는 계획이었다. 주동자 중의 한 사람인 박영효는 다음과 같이 회상한다.

"대체로 목표는 이렇게 세웠으나 당시는 여론도 없고 정당도 없으며 병력도 없었다. 개혁을 단행하는 방법으로는 오직 사대당을 죽이고 국왕의 신변을 옹호하며 정령의 남발을 막는 외에 다른 길이 없었다. 그리하여 우리는 희생을 무릅쓰고 비상수단을 사용할 결심을 한 것이다."

마침내 12월 4일 거사일이 되었다. 우정국 낙성식 축하연에 초청된 사람은 미국공사, 영국공사, 청국영사 등 각국 외교관들과 김홍집, 민영익, 이조연, 한규직, 민병석 등이었다. 홍영식, 김옥균, 박영효, 서광범 등 개화파도 참석했다. 우정국 인근 민가에 방화를 하여 정변이 시작되었다. 김옥균을 비롯한 개화파는 국왕과 왕비가 있는 창덕궁으로 달려가 국왕의 거처를 경비가 쉬운 경운궁으로 옮기고, 서재필이 지휘하는 부대가 호위하게 했다. 150명의 일본군도 궁의 요소를 수비하게 했다. 그리고 왕명으로 민태호, 민영목, 조영하 등 친청수구파 대신들을 불러들여 처단하였다. 5일에는 새로운 내각을 구성하고, 6일에는 새로운 정강을 발표하였다. 여기에는 청국에 대한 사대외교의 폐지, 봉건적 문벌제도의 타파, 탐관오리의 숙청, 국가 재정의 일원화, 경찰, 군사 제도의 정비, 책임내각제 등 당시 정변 주역들의 근대적 개혁의지가 들어있다. 민비는 비밀리에 전 우의정 심순택을 통하여 청군의 출동을 요청하고, 창덕궁으로 환궁을 주장했다. 고종도 민비의 의견에 동조하여 결국 넓어서 수비가 더 어려운 창덕궁으로 옮기지 않을 수 없었다. 그리고 장안에는 개화파가 일본인과 결탁하여 국왕과 왕비를 감금하고 주요 대신들을 살해했다는 소문이 퍼져, 개화파에 대한 반감과 반일감정이 일어나 개화파에게 사태가 점차 불리하게 되었다.

출동 요청을 받은 청군이 12월 6일 오후에 출동하여 창덕궁으로 공격해 왔다. 그러자 일본군은 수비 약속을 어기고 철병하고 말았다. 개화파 직계 100여 명의 군대가 힘써 저지했지만, 청군을 막을 수 없었다. 결국 홍영식·박영교와 7명의 사관생도만 죽음을 각오하고 국왕을 호위하고, 김옥균·박영효·서광범·서재필 등은 일본군과 함께 제물포항을 통해 일본으로 피신하였다. 결국 정변은 3일 천하로 실패하고 말았다.

한편, 1882년 한미수호통상조약이 체결된 후 1883년 9월 미국에 파송된 민영익, 홍영식, 유길준 등 견미사절단 일행을 철도 여행 중에 만난 북감리교의 가우처John E. Goucher

갑신정변의 주역들

목사는 한국선교에 관심을 갖고 선교부에 한국선교를 요청하여 한국선교에 대한 관심이 높아졌다. 이듬해 6월에는 일본에 있던 미 감리교 선교사 매클래이 목사가 한국을 직접 방문하여 의료사업과 교육사업을 할 수 있는 허락을 받았다.

그러나 그때까지만 해도 공식적인 선교의 자유는 허락되지 않았기 때문에 초기의 개신교 선교사는 신분을 위장하여 입국하지 않을 수 없었다. 한국에 파송된 최초의 의료 선교사인 알렌Horace N. Allen은 1884년 9월 20일 주한미국공사관 공의의 자격으로 입국하였다. 그는 그 해 12월에 발생한 갑신정변으로 부상을 입은 민영익을 치료하여 조정의 신임을 얻고, 조정의 도움을 얻어 이듬해에는 광혜원(제중원)이라는 최초의 서양식 병원을 설립하였다. 그해 4월 5일 최초의 복음 선교사로서 북장로교의 언더우드Horace G. Underwood와 북감리교의 아펜젤러Henry G. Appenzeller 부부가 입국하였다. 그리하여 한국 내에서의 기독교 사업은 복음전도에 앞서 이에 대한 반감을 제거하기 위한 의료사업과 교육사업으로부터 시작하게 되었다. 그 후 북장로교 선교부의 헤론J. A. Heron, 엘러즈A. J. Ellers, 기퍼드D. L. Gifford, 마펫S. A. Maffett 등과 북감리교 선교부의 스크랜톤W. B. Scranton, 하워드M. Howard, 셔우드R. Sherwood, 맥길W. McGill, 홀W. J. Hall 등이 의사와 교사의 자격으로 속속 입국하여 의료사업과 교육사업 분야에서 활동하였다.

선교사들에 의한 본격적인 선교활동은 1887년부터 시작되었다. 언더우드는 1887년 1월 서상륜이 소래에서 데려온 3명의 결신자 서경조, 정공빈, 최명오에게 서울에서 세례를 베풀었다. 그들은 "하나님이 우리를 구원해 주셨으니 임금님이 우리를 처형한다 해도 괜찮습니다"하고 고백하였다. 그 해 9월과 10월에 서울에 장로교회인 새문안교회와 감리교회인 정동교회가 설립되었다.

1885년 미국 북장로교와 북감리교의 복음 선교사들이 들어온 후 1889년 10월 오스트레일리아 장로교회 소속 선교사 데이비스 남매J. Henry Davies , Miss M. T. Davies가 내한하였고 이어 매케이J. H. Mackay 부부, 멘지즈B. Menzies, 포세트M. Fawcett, 페리Jean Perry 등이 내한하였으며, 1892년 10월 미국 남장로교도 테이트 남매L. B. Tate, Mattie S. Tate, 데이비스L. Davis, 레이놀즈W. D. Reynolds 부처, 전킨W. M. Junckin 부처 등을 한국에 파송하였으나, 이들은 먼저 온 북장로교 선교사들의 권고를 받아 각각 경상남도와 전라도 등 남부 지역에서 선교활동을 하였다.

윤치호의 호소로 미국 남감리교도 1895년 10월 중국에 있던 헨드릭스 E. R. Hendrix 감독과 리드 C. F. Reid가 내한하여 선교 가능성을 조사한 후, 이듬해 5월 리드를 선교사로 파송함으로써 한국 선교를 시작하였다.

유년기와 청소년기

이러한 혼란한 시대에도 불구하고 신석구의 어린 시절은 비교적 유복한 편이었다. 그러나 그는 일곱 살 때(1881) 어머니가 세상을 떠났고, 그의 아버지와 할머니 전주 최씨의 보살핌을 받고 자랐다.

신석구의 아버지는 비록 가난했지만, 평산 신씨 양반 가문의 후예로서 높은 지조와 기품을 잃지 않고 선비로서 품위를 지켜 주위 사람들로부터 칭송을 받았다. 그 당시 시골에까지 만연되어 있던 주색잡기는 일체 멀리하고, 장기와 바둑알도 손에 잡는 일이 없었다. 심지어는 자신의 친구들이 바둑 따위의 놀음을 하는 것을 보면 진지하게 충고할 정도였다.

"노형들도 아들을 가르치지 않는가. 바둑 따위의 놀음도 잡기가 아닌가. 우리가 이런 것을 두는 것은 자식들이 도박하는 데 길을 열어주는 것이라네."

소년 신석구는 이러한 아버지 밑에서 엄격한 훈육을 받았기 때문에 일생 도박에는 손을 대지 않았다. 그는 그런 아버지의 가르침을 잘 따르고 아버지를 매우 존경했다. 훗날 그는 자서전에서 "열다섯 살 이후로 십여 년을 떠돌이 생활을 했지만, 내가 도박에 손대지 않았던 것은 아버지가 내게 남기신 혜택"이라고 고백했다. 그의 삶에서 아버지는 그가 본받아야 할 모범이었다. "열 살 전부터 아버지께 받은바 교훈과 모범적 선행이 나의 가장 큰 유산이었다"는 고백도 그래서 나온 것이다.

신석구도 당시 선비 집안 아이들이 모두 그랬듯이 그런 아버지와 할아버지 신광소申光紹 밑에서 여덟 살 때(1882)부터 한문 공부를 시작하였다. 그러나 그의 한문 공부는 다른 사람들과는 그 목표가 달랐다. 다른 아이들은 과거에 합격하여 관직에 나아가 가문을 빛내고, 자신의 영달을 추구하는 것이었지만, 신석구는 유학의 교훈을 몸소 실천하여 "옳은 사람"이 되는 것이었다. 그는 자서전에서 "나는 어려서부터 옳은 사람이 되라는 말씀이 귀에 젖어서 항상 옳은 사람이 되려는 마음이 많이 있었다. 그래서 13살 때 소학을 배웠는데, 이 책이 바로 참 사람이 되는 책이라고 생각하고 세 겨울을 꼭 꿇어앉아서 읽었다"고 고백한다.

신석구는 그의 나이 15세가 되던 1889년 그가 존경하던 아버지와 어머니 대신 그를 돌보아 주던 할머니가 잇달아 세상을 떠났다. 이제 그야말로 그를 돌보아 줄 사람이 없는 천애의 고아가 된 것이다. 그가 받은 충격은 말로 표현할 수 없었다. 그는 어느 친척집에 붙어살면서 그때까지 수련한 엄한 유교의 법도에 따라 모든 행동거지를 삼가면서 아버지와 할머니의 3년 상을 무사히 치렀다. 기운이 넘치는 청소년 시기를 아버지와 할머니를 여읜 슬픔 속에서 외롭게 보냈던 것이다.

그런데 친척 집이 있던 동네는 그의 자서전에서 표현하고 있듯이 '음탕한 시골'이었다. "밤이나 낮이나 보고 듣는 것이 음탕한 언사와 행동뿐이었다." 그는 "혈기가 격렬하여 움직이기 쉬운 소년의 마음은 마침내 죄악에 빠지게 되었다"고 고백한다. 그의 나이 19세가 되던 1893년 10월 어느 날 어느 신분이 낮은 부인과 결혼도 하지 않고 동거생활에 들어간 것이다. 그의 이런 부적절한 동거생활은 5개월간이나 계속되었다. 당시 그 지방 풍

격몽요결

습에는 "상류계급이 하류계급에 대하여는 유부녀라도 간음하는 것을 죄악시하지 아니하였다." 사실 신석구가 천애의 고아가 아니었더라면, 부모가 주선하는 양가집 규수와 혼인하여 가정을 꾸릴 나이였다. 그가 외로움과 정욕을 이기지 못해 결혼도 하지 않고 동거생활을 하였지만, 그렇다고 그를 비난할 사람은 아무도 없었다. 당시 풍속에는 그 정도는 문제가 되지 않았던 것이다. 그렇지만, 그가 조선시대 중엽의 선비 율곡 이이李珥의 『격몽요결擊蒙要訣』을 읽고 크게 깨달은 바가 있어서 그 생활을 청산하기로 결심하였다. 그는 이 일을 그의 자서전에서 이렇게 말하고 있다.

> 내 나이 20세가 되던 해(1894년) 2월경에 우연히 율곡 선생이 저술한 『격몽요결』을 보고 생각하였다. '나의 재질과 처지가 큰 문인文人은 될 수 없으나 이 책에 쓴 대로만 실행하면 의인義人은 될 수 있겠다.' 이 책을 읽기

시작한 후, 당시 5개월 동안 동거생활 하여온 것이 큰 죄악임을 깨달았다. 그리하여 그 생활을 단연코 거절하고 평생에 다시는 이런 일을 아니하리라고 맹세하였다.

그의 아버지가 살아계실 때 늘 깨우쳐 주었던 "올바른 사람이 되어라"는 말씀이 이 책을 읽으면서 다시 떠올랐던 것이다. 그리고 이 책의 가르침과 아버지의 교훈에 비추어 볼 때 외로움과 정욕을 이기지 못해 사랑하지도 않는 여인과 동거하는 것이 크게 잘못된 것임을 깨달았다. 그리하여 그 생활을 청산하기로 굳게 결심했다.

신석구가 20세 때 읽었던 율곡 이이의 『격몽요결』은 서당에서 덕행과 지식의 함양을 위한 초등과정의 교재로 당시에 이르기까지 여러 차례 간행되어 널리 보급되었다. 그리하여 한문을 배우는 초학자들에게 『천자문千字文』・『동몽선습童蒙先習』・『훈몽자회訓蒙字會』에 이어 널리 읽혀졌다. 율곡은 이 책의 서문에서 해주의 은병정사隱屛精舍에서 제자들을 가르칠 때, 초학初學의 향방을 정하지 못하여 굳은 뜻이 없는 제자들에게 뜻을 세우고 몸을 삼가며, 부모를 봉양하고 남을 접대하는 방법을 가르치기 위해서 이 책을 지었다고 하였다. 이 책은 입지立志・혁구습革舊習・지신持身・독서讀書・사친事親・상제喪制・제례祭禮・거가居家・접인接人・처세處世 등 10장章으로 구성되어 있었다.

그 가운데서도 이 책의 제2장 혁구습은 그에게 큰 깨달음으로 다가왔다. '혁구습'이란 '과거 잘못된 습관[舊習]을 끊어버리라[革罷]'라는 뜻으로 다음과 같이 시작된다.

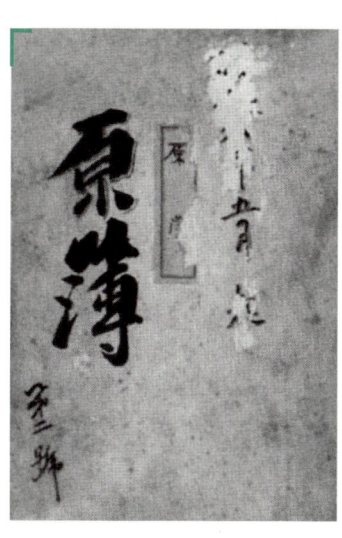

신석구 목사 친필 자서전

사람이 비록 학문에 뜻을 두었다 하더라도 용감하게 곧바로 전진하여 (학문을) 성취하지 못하는 까닭은 구습이 (학문하겠다는 결심을) 가로막고 무너뜨리기 때문이다. 구습에 해당하는 항목을 다음과 같이 열거하였으니, 만약 뜻을 더욱 굳게 세워 뼈아프게 끊어 버리지 않는다면 끝내 학문을 할 터전이 마련되지 않을 것이다(人雖有志於學이나 而不能勇往直前하여 以有所成就者는 舊習이 有以沮敗之也라 舊習之目을 條列如左하노니 若非勵志痛絶이면 則終無爲學之地矣리라).

이어서 구습에 해당하는 여덟 가지 항목을 열거하고 나서 다음과 같이 권고한다.

습관 중에서 마음을 수양하는 데 방해되는 것이 대개 이와 같으니, 그 나머지는 이루 다 들기 어렵다. 이러한 습관이 사람으로 하여금 뜻을 견고하게 지키지 못하게 하고 행실을 독실하게 실천하지 못하게 하여, 오늘 저지른 일을 내일 고치기 어렵고, 아침에 그 행실을 뉘우쳤다가 저녁에는 이미 다시 그렇게 하나니, 반드시 용맹스런 뜻을 크게 분발해서 마치 칼을 가지고 단칼에 뿌리를 깨끗이 끊어버리듯이 하고, 마음을 깨끗이 씻어내어 털끝만치라도 남은 맥이 없게 하며, 때때로 매양 크게 반성하는 공부를 더하여 이 마음으로 하여금 한 점이라도 옛날에 물든 더러움이 없게 한 뒤에야 학문에 나아가는 공부를 논할 수 있을 것이다(習之害心者 大槪如斯하니 其餘는 難以悉擧라 此習이 使人志不堅固하고 行不篤實하여 今日所爲를 明日難改하고 朝悔其行이라가 暮已復然하나니 必須大奮勇猛之志하여 如將一刀하여

快斷根株하고 淨洗心地하여 無毫髮餘脈하며 而時時每加猛省之功하여 使此心無一點舊染之汚然後에 可以論進學之工夫矣리라).

신석구는 이러한 폐습 중에서도 첫 번째 몸가짐을 함부로 한 것, 여덟 번째 욕심을 절제하지 못하고 여색에 빠진 것이 마음에 걸렸다. 그래서 이 훈계를 받아들여 그 여인과 부적절한 동거관계를 청산하기에 이른 것이다.

친구 대신 감옥에

청일전쟁과 러일전쟁

신석구가 방탕의 생활을 청산하고 올바른 삶을 살기로 결심한 해인 1894년은 2월에 전봉준全琒準이 이끄는 동학농민군이 탐관오리 고부군수 조병갑趙秉甲의 학정에 항거하여 봉기했다. 이들은 고부관아를 점령하여 조병갑을 쫓아내고, 무기고를 부수어 무장하는 한편, 옥문을 열어 억울한 죄수들을 석방하고, 불법으로 약탈한 수세미를 농민들에게 반환하였다. 농민군은 그동안 원성의 대상이었던 만석보도 파괴하고, 2달여 동안 해산하지 않고 시위하다가 새로 고부군수로 부임한 박원명朴源明의 무마책을 받아들여 일단 해산하였다.

그러나 중앙정부에서 안핵사로 내려 온 이용태李容泰가 농민군에 참여했던 사람들을 폭도로 몰아 가혹한 탄압을 하자, 4월 하순 다시 봉기하여 5월 말 전주성을 점령하고 협상 조건으로 탐관오리 처벌, 노비문서 소각, 잡세 폐지, 토지 평균 분작 등 폐정개혁안 12조를 제시하였다. 결국 6월 초 양호초토사兩湖招討使 홍계훈洪啓薰으로부터 폐정개혁안을 국왕에게 보고하여 실시하겠다는 약속을 받아내, 정부 측과 농민군 사이에 전주화의全州和議가 이루어져 농민군은 자진 해산하였다. 그러나 홍계훈이 돌아간 후에도 정부가 폐정개혁을 실시하지 않자 농민군은 스스로 집강소라는 자치 기구를 마련하여 폐정개혁을 단행하였다.

이에 앞서 정부는 관군만으로 동학농민군을 '진압'할 수 없을 것으로 판단하고 청나라에 원군을 요청하여 6월 초 청나라 원군이 아산만에 도착했다. 그러자 이를 계기로 청나라와 전쟁을 일으켜 우리나라에 대한 독점적인 지배권을 확립하고자 했던 일본이, 갑신정변 후 청나라와 맺은 천진조약을 내세워 대규모 군대를 파견하여 육군은 인천을 통해 서울로 직행하고, 해군은 아산만 앞바다에서 청 군함을 기습 공격하여 청일전쟁을 도발하였다.

메이지유신으로 군비를 확장하고 해외 침략의 기회를 노리던 일본이 1894년 6월 초 대규모의 군대를 조선에 파병했다. 명분은 조선에 거주하는 자국민(공사관과 거류민) 보호와 천진조약에 따른 청국과의 동시 파병이었지만, 목적은 청국과 전쟁을 일으켜서라도 조선에 대한 독점적 지배권을 확립하기 위한 것이었다. 이미 1년 전인 1893년 5월에 전쟁에 대비한 전시대본영조례를 제정하고, 정보원들을 해외에 파견하여 정보를 수집하던 일본은 파병과 동시에 대본영을 조직하여 전시체제에 돌입하였다. 조선에 파병된 일본군은 제물포항을 통하여 한성에 입성하여 무력시위를 하고, 조선정부의 철병요청을 거부하면서 조선의 내정개혁을 요구했다. 그러다가 6월 22일 추가병력이 도착하고, 7월 23일 경복궁을 포위·점령하여 조선군의 무장을 해제하고 친일내각을 구성하였다. 일본의 해군도 전쟁에 대비한 연합함대를 구성하고 순양함을 파송하여 7월 25일 아산 앞바다에서 청국군이 타고 있는 영국국적의 수송함을 기습공격함으로써 마침내 청일전쟁을 도발하였다. 그리고 군사적 위압으로 "일본은 청나라에 대하여 공수攻守의 전쟁을 맡고, 조선은 일본군의 진퇴와 그 양식 준비를 위하여 가능한 한 편의를 제공한다"는 '양국맹약'이라는 것을 강요하여 청일전쟁에서 일본 측에 조선이 협력하도록 하였다.

청일전쟁이 일어나자 조선은 일본군의 병참 보급로가 되었고, 일본군과 청군이 싸우는 전장이 되었다. 배외적 성향이 강한 동학도들은 일본군의 침략에 항거하여 일본군의 병참지원을 방해하고 전신선을 절단하는 등 투쟁을 전개하였다.

일본군에 의한 동학도의 학살은 1894년 11월 초 일본 본토에서 이른바 '동학당 토벌대'로 불리는 후비보병 독립 제19대대의 파병으로 본격화되었다. 동학도 학살 살상은 조선 관군과 함께 한 것이기는 하지만, 일본군 병참선의 확보를 위해서 일본군이 주도하였다.

특히 여기서 주목할 것은 1895년 1월 11일 끝난 장흥 부근 전투 후 잡혀서 처형된 동학도들은 동학도가 재기할 수 없도록 지도자들을 색출하여 학살한 것이라고 할 수 있다. 그리고 이러한 동학도 학살은 1895년 봄까지 이어졌다.

일본군의 동학도 학살은 적어도 두 가지 목적이 있었다고 할 수 있다. 첫째로는 청일전쟁을 위한 병참선과 통신선의 안전 확보였고, 둘째로는 조선에 대한 무력적인 위협과 항일 저항세력의 제거였다. 청일전쟁의 목적이 조선에 대한 독점적 지배권의 확보였으니, 일본군의 동학도 학살도 그 일환이었던 것이다.

청일전쟁은 1895년 4월 일본의 승리로 끝났다. 4월 17일 일본은 조선에 대한 '독립' 인정, 요동반도와 대만·팽호열도 할양, 배상금 2억 냥 지불, 구미 제국과 같은 통상 특권 부여 등을 조건으로 시모노세키[下關]에서 청국과 강화조약을 맺었다. 그러나 이 조약 내용이 알려지자 요동반도에 이권을 가지고 있던 러시아가 주동이 되어 프랑스·독일과 함께 요동반도의 할양을 포기하도록 일본에 압력을 가한 삼국간섭이 이루어져 결국 일본은 이에 굴복하여 요동반도를 청국에 돌려주게 되었다.

삼국간섭으로 일본의 권위가 실추하자, 이런 기회를 이용하여 러시아를 끌어들여 일본의 압력에서 벗어나려는 기운이 조선정부 안에 조성되었다. 일제는 이러한 움직임의 중심인물이 민왕후(명성황후)라고 파악하고, 이노우에 공사를 중심으로 기증금을 미끼로 민왕후를 회유하거나, 여의치 않으면 제거하려는 음모를 꾸몄다. 결국 이노우에는 본국으로 소환되고 그의 추천으로 1895년 9월 1일 예비역 육군중장 미우라[三浦梧樓]가 신임 공사로 부임했다. 미우라는 이노우에의 책략을 이어 낭인들을 끌어들여 민왕후를 제거할 계획을 구체화시켜 실행하였다. 1895년 10월 8일 새벽 일본 낭인들을 왕후가 거처하는 경복궁 내 건청궁[乾淸宮]에 난입시켜 곤령합[坤寧閤]에서 민왕후와 궁녀 3명을 일본도로 무참히 학살하였던 것이다. 더욱이 미우라는 사건현장에서 왕후의 시신을 확인한 후에 시신을 끌어내어 불태우는 천인공노할 만행을 저질렀다. 일제는 이 사건을 '대원군주모설' 혹은 '낭인들에 의한 우연한 살인사건'으로 은폐하려 하였으나, 각국 외교관으로부터 '야만적인 살인행위'로 비난을 받게 되자, 미우라 공사를 비롯한 사건 관련자 56명(군인 8명, 순사 8명, 외교관 3명, 조선정부 고용인 5명, 민간 낭인 32명)을 소환하여 히로시마[廣島]에서 재판에 회부했다. 그러나 같은 해 11월 28일 춘생문사건으로 정세가 바뀌자 1896년 1월 20일 '증거불충분'으로 무죄판결을 하여 전원 석방하였다.

1895년 11월 국왕이 일제의 감시를 벗어나 미국 공사관으로 피신하려다가 미수에 그친 춘생문사건, 그리고 그 이듬해에 일어난 아관파천은 모두 이러한 일제의 마수에서 벗어나려는 몸부림이었다. 그러나 국왕이 러시아 공사관에 피신하여 1년간이나 그곳에 머무름으로써 국위가 실추되고, 각종 이권들이 러시아를 비롯한 서구 제국에 넘어가게 되었다.

한편, 1895년 12월 망명에서 돌아온 서재필이 정부의 지원을 받아 1896년 4월 『독립신문』을 발간하고, 7월 서재필과 윤치호를 비롯한 기독교인들, 남궁억을 비롯한 개신유학자들이 중심이 되어 조직한 한국 최초의 근대적 사회단체인 독립협회가 조직되어 계몽운동을 전개하였다. 독립협회는 1898년 만민공동회를 열어 열강의 이권침탈을 비판하고 국권운동과 민권운동을 전개하였다. 이러한 운동이 의회 설립 운동으로까지 확산되자 정부는 이를 반정부운동으로 규정하고 탄압하여 독립협회를 해체시키고 말았다.

　이에 앞서 정부는 1897년 10월 국왕이 러시아공사관에서 경운궁으로 환궁함에 따라 실추된 왕권과 국위를 높이기 위해서 국호를 조선에서 대한제국으로 바꾸고, 연호를 광무라 하여 자주 독립국가임을 내외에 선포하고 국왕을 황제로 부르도록 하였다. 그와 함께 실시된 일련의 개혁정책을 광무개혁이라고 하는데, 그 이념은 구본신참舊本新參이라 하여 복고성이 강하였고 그 목적도 근대적 개혁보다는 전제 왕권의 강화에 더 비중을 두어 민중적인 지지를 얻지 못했다.

　그런 가운데 일제는 한반도에서 그들의 군대를 철수시키지 않고 거류민을 증대하여 각종 이권에 개입하면서 기회를 엿보고 있었다. 그러다가 한반도에 대한 독점적 지배권을 확립하기 위해서 영·미 제국과 협력하에 1904년 러일전쟁을 일으키고 대한제국 정부에 한일협약을 강요하여, 러일전쟁의 승리가 확실하게 되자 1905년 11월 을사늑약으로 외교권을 박탈하고 그들의 '보호국'으로 삼았다. 이에 한국인들은 각성하여 각지에서 의병을 일으키고, 국권회복운동과 애국계몽운동이 일어났으나, 일제는 그 이듬해 2월 통감부를 설치하여 한국인들의 반발을 무력으로 탄압하고 때로는 회유하면서 본격적인 식민통치의 기반을 닦기 시작하였다.

서당 훈장 생활과 결혼 후의 방황

1894년 봄 올바른 사람이 되기로 결심하고 동거생활을 청산한 후 신석구는 사숙私塾을 차리고 아이들에게 한문을 가르치기 시작했다. 대를 이은 선비의 후예로서 가장 바람직한 직업이 아닐 수 없었다. 그러다가 그의 나이 23세이던 1897년 그보다 6세 아래인 전주 이씨 성을 가진 조치원에 살던 규수와 결혼했다. 부인은 평범한 시골 선비 이치헌李致獻의 맏딸로 순종적인 여인이었다. 결혼하여 가정을 이루기는 하였으나, 변변한 방 한 칸도 마련하지 못해서 아내를 그대로 본가에 머물게 할 수밖에 없었다. 결혼한 후에도 그의 마음의 방황은 그치지 않았다. 세상을 비관하고 신세를 한탄하며 다시 '타락의 길'을 밟게 되었다.

그러던 신석구에게 결혼한 지 2년 지났을 때에 다시 좋은 기회가 찾아왔다. 어느 군수 집 아이를 가르치는 훈장 자리를 얻게 된 것이다. 당시는 매관매직과 관리들의 부패가 만연하던 때라 군수는 물론 그 하속들까지 군수의 위세를 빌어 백성들의 재물을 착취하던 때였다. 그가 군수의 아들을 가르치는 훈장이 되었다고 하자 친구들이 찾아와 축하하며 "이번에 한 몫 단단히 챙기게. 자네는 돈을 좀 알아야 해!" 하고 충고하는 친구도 있었다. 실제로 훈장으로 있을 때 '돈 생길 일'이라고 청탁하며 간청하는 이들도 있었다. 만일 그가 부정한 마음만 먹으면 재물을 취할 기회는 얼마든지 있었다.

그러나 신석구는 그런 유혹에 넘어가지 않고 단호히 거절하였다. 어려서부터 배운 교훈에 따라 굳게 마음에 다짐한 바가 있었고, 그가 자서전에서 말한 것처럼 "이때까지 한 가지 양심을 지켜 온 것은 재물에 대하여는 범죄하지 아니하였다"는 자부심이 있었기 때문이었다. 그러나 그런 생활이 계속되자 마음이 흔들릴 때도 없지 않았다. 그런 환경에 계속 남아 있으면 자신을 잃어버릴 것 같은 위기가 찾아왔다. 그는 자서전에서 10개월 만에 그 훈장 생활을 그만두게 된 이유를 다음과 같이 회고한다. "그때에 장가든 지 3년이 지났지만, 집이 없어서 아내를 본가에 그대로 있게 하였으므로 금전 유혹도 받기에 가장 쉬웠다. 그리하여 그곳에 있은 지 10개월 동안에 내 마음이 세 번 움직이는 것을 느꼈다. 그러나 '내가 3년만 이곳에 있으면 나를 잃어버리겠다. 나를 잃어버리기 전에 하루라도 빨리 이곳을 떠나야겠다'는 결단을 하고 사직했다."

군수 집에 들어가 훈장을 하다가 10개월 만에 사직하고 고향에 돌아와 보니, 형님이 여러 달째 병석에 누워있었다. 병석에서 형님이 말했다.

"내가 아마 죽을까 보다."

"형님! 무슨 그런 말씀을 하십니까? 형님은 돌아가시지 않습니다. 마음을 강하게 가지십시오. 빨리 일어나셔야지요. 옛말에 3대가 선하면 흥한다 하였는데 할아버지께서 착하시고, 아버님께서 착하시고, 형님께서 착하신데 어찌 형님 대에 와서 30세에 아들 하나도 없이 돌아가실 리가 있겠습니까?"

동생의 확신에 찬 말에 형님의 얼굴이 잠시 밝아진 듯하였으나, 결국 형님은 병석에서 일어나지 못하고 별세했다. 당시 형수는 임신 중이었다. 신석구는 형님의 장례를 치르고 그래도 형수가 임신 중이니 아들을 낳으면 형님의 대를 이을 수 있으려니 생각했다. 그러나 그 기대도 무너졌다. 형수가 딸을 낳은 것이다. 신석구는 낙심했다. 그는 자서전에서 그 때의 일을 회고한다.

"형님이 돌아가셨다. 다행히 형수가 임신을 하고 있었기 때문에 한 가닥 희망을 두었더니 마침내 딸을 낳았다. 나는 이때부터 아주 변심이 되었다. '나는 오늘까지 선하면 복을 받고 악하면 화를 받는다는 말에 속았다. 이 세상에 그런 이치라는 것은 없다. 이 세상은 아무 짓을 하여서라도 잘 살면 그만이다'라고 외쳤다. 그때부터 무슨 불의한 일이든지 기회만 있으면 양심의 가책까지도 눌러가며 기탄없이 행하였다. 이것이 나의 죄악의 생활인데 솔직히 고백하는 것이다."

그렇다고 해서 신석구가 무슨 큰 악행을 저지른 것은 아니었지만, 그가 그때까지 믿어왔던 '선하면 복을 받고 악하면 화를 당한다'는 도덕률을 폐기하고 양심의 가책을 받을 일도 거침없이 하게 되었다는 것이다. 신석구는 형님의 장례를 치르고 나서 그대로 고향에 머물러 한동안 형님 댁을 돌보며 농사를 지었다.

전당포를 경영하다 친구 대신 감옥살이

신석구는 훈장 생활로도 농사일로도 심지어 결혼 생활로도 방황하는 그 마음의 공허를 채울 수 없었다. 그래서 그는 새로운 일을 해보기로 했다. 그의 나이 27세가 되던 1901년 부유한 고향 친구 김진우金鎭宇가 경영하던 전당포에 서기로 일하게 된 것이다.

일제 강점기 전당포(좌)와 한말에 유행했던 전당포(우)

당시 전당포는 일본에서 들어온 신흥사업이었다. 집문서, 토지문서, 또는 값이 나갈 만한 물건을 저당잡고, 비싼 이자로 돈을 빌려주는 전당포를 일본에서는 질옥質屋(시치야)이라 하였다. 개항 이후 일확천금의 야심을 품고 우리나라에 들어온 일본인들은 조금이라도 돈 있는 사람이면 누구나 전당포나 고리대금업을 했다. 1894년 갑오개혁 이후에 이 사업은 더욱 성행했고, 한국인들도 이 사업에 뛰어들었다. 그리하여 대한제국정부는 이를 규제하기 위하여 1898년 11월 법률 제1호로 「전당포규칙」을 제정·공포하고, 농공상부의 허가를 받아 개업하도록 하였다. 그러나 일본인이 경영하는 전당포나 고리대금업자는 치외법권적인 특권을 누릴 뿐만 아니라 한국인의 물건을 헐값에 저당잡고, 반환 기간이 지나면 사정없이 자기 것으로 만들어 폭리를 취하는 경우가 많았다. 심지어는 부동산이나 귀금속을 저당잡고 높은 이자를 물리다가 여러 가지

구실을 붙여서 차지하는 경우도 흔했다. 그래서 1896년 5월 14일자 『독립신문』 논설에서는 이렇게 논하고 있다.

> 요즈음 들으니 서울과 인천서 조선 백성들이 돈이 없으면 외국 사람에게 가서 집을 저당 잡히고 돈을 얻어 쓰고 변리를 한 달에 한 돈 변씩 주고 쓴다니 세상에 이런 높은 이자를 주는 나라는 조선밖에 없고, 이런 높은 이자를 받는 사람도 조선에 와있는 외국 전당국밖에는 없다. …… 조선 백성에게 권하노니 차라리 집을 팔지언정 전당은 잡히지 말고 정부에서도 새로 규칙을 내어 내외 국민 간에 돈 취급하는 변리를 아주 정부에서 정해주고 외국 사람에게 집 전당 잡히는 일은 엄히 금하기를 바란다.

여기서 전당포를 경영하는 외국 사람은 대부분 일본인이고, 중국인도 가끔 있었다. 1902년 1월 21일 『황성신문』 논설에서도 "가난한 사람들은 돈을 구하기 쉽고 부잣집 방탕아들은 손쉽게 돈을 구할 곳이 생겨 집문서, 땅문서, 옷, 그릇, 산업의 도구 등을 모두 가져다 저당하기 때문에 온 나라를 가난뱅이로 만들 것이다"고 주장하고 있다. 더욱이 한국인이 경영하는 전당포는 자본력에서 일본에 밀리고 정부의 규제를 받아 일본인이 경영하는 전당포와 경쟁하기 어려웠다.

이런 시기에 신석구는 친구를 도와 전당포 사업에 뛰어들어 몇 년간은 잘 버텨냈다. 그러나 1904년 2월 러일전쟁이 일어나고, 1905년 11월 을사늑약으로 일제가 우리나라의 외교권을 박탈하여 일본인의 세력이 더욱 커지자 더 이상 지탱하기 어렵게 되었다. 1906년 8월경 신석

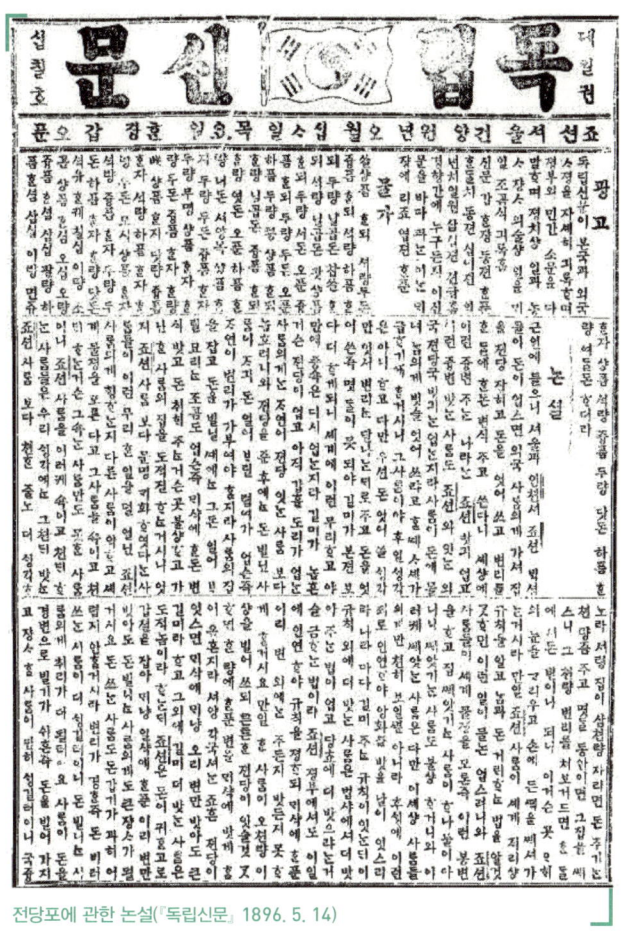

전당포에 관한 논설(『독립신문』 1896. 5. 14)

구가 돕던 친구의 전당포 사업은 모두 실패하고, 설상가상으로 사기횡령으로 친구가 처벌을 받게 되었다. 그러자 신석구는 친구를 대신하여 처벌을 받을 결심을 하고 그 친구에게 말했다.

자네는 노모가 계시고, 가족들이 많으니 자네가 만일 감옥살이를 하면 어떻게 하겠는가? 나는 가족이라야 처자 둘뿐이어서 간단하니, 내가 그 죄를 대신 담당하겠네. 자네는 뒤에서 뒷일이나 잘 보아주게.

친구도 고마워하며 그렇게 하겠다고 했다. 그래서 신석구는 이 모든 일에 책임을 지고 거짓으로 자수하여 죄수가 되었다. 그런데 일은 그것으로 끝나지 않았다. 친구도 잡아들여 감옥살이를 시키겠다는 것이었다. 신석구는 친구 대신 감옥에 들어간 지 3개월 만에 병보석으로 풀려나 집에 돌아왔다. 그러나 그대로 있으면 자신은 다시 감옥에 돌아가야 할뿐 아니라, 친구가 체포되면 그 집안 식구들을 돌볼 사람이 없어 자신이라도 남아서 돌보아야 하지 않을까 생각했다. 그리하여 당시 허술한 행정의 틈을 이용하여 거짓으로 자신의 사망신고를 하고, 아내와 낳은 지 1년 9개월밖에 안 되는 아들 태화泰華(1905~1955)를 외갓집으로 보내고 정처 없이 고향을 떠났다. 그는 자서전에서 그때의 일을 이렇게 회상한다.

> 내가 집을 떠나던 때였다.
> 내 처자(그때 아들을 낳은 지 1년 9개월이었다)를 나의 외가로 보내며,
> 부끄럽구나 장부의 계책이自愧丈夫策,
> 아내와 아이도 보살필 수 없구나不能保婦兒.

하는 시 한 구를 읊고 아내와 아들을 보낸 후에 나는 사망하였다 신고

하고 새벽 미명에 집을 떠났다.

이때가 나의 새 생활을 시작하던 순간이다. 부엌에서는 아내가 새벽밥을 짓느라고 불을 후룩후룩 때고, 나는 밝아오려는 동쪽을 향하여 묵묵히 앉아 과거를 회상하며 미래를 계획해 보았다. 15세 이후로 25세까지 아무리 표랑 생활을 할지라도 거의(감히 다라고 못함은 간통죄를 범함) 양심 생활을 할 때에는 아무리 더디더디 될지라도 차츰차츰 길이 열려가더니 7년을 양심을 저버린 생활을 한 결과 오늘 날 여지없이 실패를 당하였다.

신석구는 후일 이 일을 돌아보면서 고백했다.
"다른 이들은 내가 친구를 위하여 대신 고생한다고 동정할 이도 있겠지만, 실은 나의 죄로 인하여 이렇게 되었다. 내가 살려면 다시 죄를 짓지 말아야겠다고 결심했다."
"동서남북 어디로 갈 방향을 모르고 떠났다. 나는 그때 몰랐지만 그 후 생각하니 그때가 곧 성신께서 나를 부르신 시간이었다. 때는 1906년 음력 10월 어느 날이었다."
이 일이 하나님의 섭리였다는 것이다.

기독교와의 만남과
목회자 훈련

대부흥운동과 국권회복운동

신석구가 친구의 권유로 기독교를 믿게 된 1907년은 민족사적으로나 교회사적으로 매우 중요한 전환기였다. 1903년 8월 원산에서 시작된 부흥운동이 전국으로 확산되어 간헐적으로 이어져 가다가, 1906년 8월 한 주간 평양에서 장로교와 감리교 선교사들의 연합기도회가 개최되었다. 이에 이어 9월과 10월에는 미국 부흥전도자 존스턴H. A. Johnstone이 내한하여 서울과 평양에서 집회를 열고, 영국 웨일스와 인도에서 일어나고 있던 부흥운동의 소식을 전했다. 이에 자극을 받아 평양의 선교사들과 교인들은 평양 교회의 부흥을 위한 기도회를 잇달아 열고, 선교사들은 그 해 12월 성탄절을 기해 한 주간 특별기도회를 열어 한국에서도 이러한 부흥운동이 일어날 것을 갈망하였다. 마침내 부흥운동은 1907년

1, 2월 평양에서 그 절정에 이르게 되었다. 1907년 1월 2일부터 장대현교회에서 열린 평남 도사경회都查經會와 6일 저녁부터 개최된 부흥집회에서 폭발적인 회개 현상이 나타난 것이다. 이런 현상은 장대현교회에서 시작하여 숭실학교와 평양신학교로 확산되었고, 그 지역 감리교회와 여성 교인들 사이에서도 회개와 자복운동이 일어났다. 그리고 그 소문이 전국으로 퍼져나가 서울은 물론 해주, 인천, 공주, 청주, 대구, 목포까지 부흥운동이 확산되었다.

한편, 국내에서 국권회복운동을 하기 위하여 미주에서 '신민회新民會 통용장정'을 만들어 가지고 안창호가 귀국한 것은 대부흥운동이 한창이던 1907년 2월 25일경이었다. 그는 귀국 직후부터 각종 강연을 통하여 국내외 정세와 국권회복을 위한 계몽적인 연설을 하면서, 이갑, 유동열, 이동휘, 전덕기, 이동녕, 양기탁, 이승훈, 안태국 등 동지·유지들을 규합하여 국권회복운동을 위한 비밀결사로 신민회를 조직하여 활동하였다.

러일전쟁이 끝난 후에도 1906년 2월 통감부를 설치한 일제는 1개 사단 정도의 일본군 병력을 철수시키지 않고 남겨 2년 주기로 부대를 교체해가면서 일제의 국권 침탈에 저항하여 일어난 의병을 탄압하고 내정에 간섭하며 식민지배의 기반을 구축하여 갔다. 고종은 을사늑약의 부당함을 국제사회에 알리려고 1907년 6월 만국평화회의가 열리고 있는 네덜란드 헤이그에 이상설, 이준, 이위종을 밀사로 파송하였다. 그러나 이 사실이 알려지자 일제는 7월 24일 이른바 '정미7조약'을 강요하고 고종을 강제 퇴위시키고 8월 1일 군대를 해산시켰다. 이러한 일제의

헤이그밀사로 파견된 이상설, 이준, 이위종

국권 침탈에 분노한 한국인들의 의병 항쟁이 거세지자 일제는 1909년 5월에 2개 연대규모의 임시한국파견대를 증파하여, 기존의 한국주차군 1개 사단은 북부수비관구를 맡게 하고, 임시한국파견대는 남부수비관구를 맡게 하였다. 그리고 이 임시한국파견대를 이용하여 1909년 9월부터 10월까지 2개월간 호남의병을 '토벌'할 계획으로 전 병력을 투입하여 '대학살작전'을 수행하였다. 결국 이러한 군사력을 바탕으로 1910년 8월 한국을 강제로 병탄한 일제는 조선총독부를 설치하여 헌병경찰제에 의한 무단통치를 실시하였다. 총독은 육군대장으로서 군사통수권을 갖고, 도지사에 해당하는 각도 장관들도 해당 지방 군사령관에게 출병을 요구할 수 있게 하였다. 한국주차군의 명칭도 조선주차군으로, 임시한국파견대의 명칭도 임시조선파견대로, 한국주차헌병대의 명칭도 조선주차헌병대로 바뀌었다. 1910년대 초 한국주둔 일본군 병력의 주력은 조선주차군 1개 사단, 임시한국파견대 2개 연대(1개 여단), 조선주차헌병대였다. 조선주차군과 임시조선파견대는 주둔 지역 경비와 의병 탄압을 맡았고, 한국주차헌병대는 헌병경찰제하에서 헌병 본래의 업무인 군사경찰 업무와 함께 민간 치안경찰 업무까지 겸하였다. 1910년 9월 10일에 칙령으로 발포된 조선주차헌병조례에 의하면, 조선주차헌병은 (일본) 육군대신의 관할에 속하며, 그 직무의 집행에 대해서는 조선총독의 지휘 감독을 받고, 군사경찰에 대해서는 육군대신 및 해군대신의 지휘를 받도록 규정하고 있다. 조선주차군은 전국 요지에 주력부대를 주둔시키고, 각 부대를 중대, 소대, 분대 단위로 분산 배치하여 전국을 병영화하였다. 한국 주둔 일본군은 병탄 직후인 1910년 11월부터 12월 사이에 경상도 일원산 지구의 의병에 대한 대대적인 학살 작전을 폈고, 1911년 9월 하순에서 11월 초순 사이에 황해도 일대 의병 학살에 나서, 일본군의 의병 학살은 국내에서 의병이 활동이 사라진 1915년까지 지속되었다.

기독교와의 만남과 결단

신석구가 기독교를 믿게 된 것은 대부흥운동과 국권회복운동이 한창 진행되던 바로 그 무렵이었다. 앞에서 살펴보았듯이 1906년 음력 10월(양력 11~12월) 어느 날 도망치듯 고향을 떠난 신석구는 여기저기를 방황하

일제강점기의 고랑포

다가 숨기 쉽고 일자리도 많을 것으로 생각되는 서울에 1907년 2월(음력 정월)에 도착하였다. 여기저기 일자리를 찾아 기웃거리던 어느 날 길거리에서 우연히 고향 친구 김규흥金奎興을 만났다. 그는 충북 옥천 사람으로 신석구보다 두 살 위였다. 신석구의 인품과 학식을 잘 알고 있던 그는 신석구를 윤자정尹滋正의 자제를 가르치는 훈장으로 소개했다. 당시 윤자정은 도사都事 벼슬까지 지낸 양반 부자였다. 신석구가 자제를 잘 가르치자 윤자정은 그에게 식구들을 데려오면 거처를 마련해 주겠다는 제안도 했다. 이대로 1년만 고생하면 안정적인 생활을 할 수 있겠다는 생각이 들었다.

그러던 어느 날 어떻게 알았는지 고향 친구 김진우가 그를 찾아왔다. 그는 친구를 반갑게 맞이하며 물었다.

"어찌된 일인가?" "자네가 고향을 떠난 뒤에 나도 청주를 떠나 서울로 올라왔지. 이곳에서 몇 가지 일에 손을 댔지만, 모두 실패하고 지금은 서양 약 몇 병을 사서 시골로 다니며 팔려고 하네. 자네가 여기에 있다고 해서 자네와 같이 다니며 팔면 어떨까 하고 찾아왔네. 나와 함께 약을 팔아보지 않겠나?"

신석구의 고민이 다시 시작되었다. 이제 겨우 안정된 일자리를 찾았는데, 이것을 포기하고 친구를 따라가자니 선뜻 마음이 내키지 않았다. 그러나 절친한 친구의 부탁이니 거절하기도 어려웠다. 그는 자서전에서 "저 친구로 말하면 한 때 곤경에 빠졌으나, 부유한 집안의 자제로 일찍이 고생을 모르던 사람이라. 그런 길을 혼자 떠나기에는 난감한 인물이다. 내가 저 친구를 위하여 고생하기로 작정했으니 끝까지 도와주어야겠다"고 결심했다고 고백한다.

그는 훈장 자리를 사임하고 친구를 따라 나섰다. 김진우가 그를 데려간 곳은 경기도 장단군 임진강변에 있는 고랑포라는 작은 마을이었다. 그곳에서 한 집을 빌려 약국을 차리고 친구와 함께 약장사를 시작했다. 그런데 친구는 약 파는 일은 신석구에게 맡기고 다른 일에 더 열성이었다. 그는 서울에서 예수를 믿고 전도인이 되어, 서양 선교사의 도움을 받아 약을 팔면서 전도하고 있었던 것이다. 약국도 그의 전도의 방편으로 마련된 것이었다. 안정된 직장을 가진 신석구를 굳이 그와 같이 약장사를 하자고 강권하였던 것도 점차 그를 인도하여 예수를 믿게 하려는 것이었다. 그는 신석구를 볼 때마다 "예수를 믿고 나와 함께 교회에 나가세"하고 거듭거듭 권했다. 친구뿐만 아니라 약국 바로 앞에 있는 예배당의 전도인들이 자주 그를 찾아와 전도했다. 신석구는 이제까지 친구의 말을 다 들어주었지만, 이것만은 들어줄 수 없다고 단호히 거절하고 예배당에는 구경조차 가지 않았다.

"그러나 주님을 믿으라고 권하는 데는 권할수록 내 마음은 더욱 굳어졌다. 이 유교에 습관되어서 유교 이외의 것은 이단시한 까닭이다. 그래서 3달 동안 두고 별말로 다 권면하여도 한 번 구경조차도 가보지 아니하고 믿겠다고 말하지 아니하였다."

그가 알기로는 예수교는 서양 오랑캐의 종교였다. 그러던 어느 날 황혼에 김진우가 찾아와 말을 걸었다.

"자네가 만일 주를 믿지 않으려거든 죄가 없는가 생각해 보게. 예수를 믿으라고 하는 것은 하나님 앞에 죄를 용서받으라는 말이야."

이 말을 듣자 신석구는 마음이 뜨끔하였다. 대답이 없자 다시 말했다.

"왜 대답이 없나?"

"자네가 나더러 죄가 없느냐 물었으니 죄가 있는지 없는지 생각한 후에 대답하겠네."

그리고는 앉아서 천천히 33세인 그때부터 거꾸로 7세 때까지 죄라 할 만한 것을 꼽아보니 50여 가지 죄목이 생각났다. 10세 이전에 잘못하여 부모에게 세 번 종아리를 맞은 것, 13세 때 형님이 친구들과 장기 두는 것을 구경하다가 놀음을 싫어하시는 아버지께 꾸중을 들은 것 한 번 밖에는 밖으로 드러난 잘못은 한 적이 없었다. 그러나 양심에 가책이 되는 죄는 기억나는 것만도 50가지 넘으니 기억하지 못하는 것까지 하면 얼마나 많을까 생각했다. 더욱이 러일전쟁 후 일제에게 국권을 빼앗겨 무엇인가 국민 된 도리를 해야 하는데 아무것도 하지 못하고 있는 것도 양심에 가책이 되었다. 그러나 아직 예수를 믿을 마음은 없었다.

그때 마침 어떤 전도인이 와서 전도하면서 성경을 한 권 사라고 권면하였다. 그래서 신석구는 성경을 사보고 그 내용을 알아서 철저히 반대해야겠다는 생각이 들어 성경을 사서 마태복음부터 읽기 시작하였다. 읽어보아야 그 의미를 알 수 없었지만, 마태복음 5장을 읽을 때부터 좀 의미를 알 듯했다. 그러다가 5장 17절에서 "내가 율법이나 선지자를 폐하러 온 줄로 알지 말라. 폐하러 온 것이 아니요 완전케 하러 왔노라" 하신 예수의 말씀에 이르자 "예수교가 우리나라에 들어온 것은 우리 유교를 폐하러 온 줄로 알고 내가 적대시한 것인데, 우리 유교도 무슨 불완전함이 있어 완전케 하려나?" 하는 생각이 들었다. 그는 마음에 자문자답하기 시작했다. 그의 자서전에 나온 이야기다.

"유교의 목적이 무엇이냐?"
"몸을 닦고 집안을 잘 다스리고 나라를 다스려 천하를 평정케 하는 것修身齊家治國平天下이다."
"몸을 닦고 집안을 잘 거느렸느냐?"
"간혹 하였다."
"나라를 다스리고 천하를 평정시켰느냐?"
"못하였다."
"공자의 도통道統이 맹자에게 와서 끊어졌는데 공자께서 천하를 두루 돌아다니셨으나 마침내 도를 행치 못해 '뗏목이나 타고 바다로 떠다니리乘

鞠浮于海'라는 탄식을 하셨고, 맹자도 제나라 양나라齊梁 두 나라를 왕복했으나 마침내 뜻을 펴지 못하였다. 그 후 한漢나라 4백년에 동중서董仲舒 한 사람이 유학자儒者의 기상이 있다 하였으며, 당나라 3백년에 한퇴지韓退之 한 사람이 원도原道라는 글을 저술할 뿐이었으며, 송나라에 와서 유교를 밝힌 적이 있으나 조정에서는 왕안석王安石의 집권으로 염락제현廉洛諸賢은 도리어 거짓 학문이라는 지목을 받아서 나라를 다스리는 데는 뜻을 펴지 못하고 그 공이 옛 성현의 말씀을 계승함에 불과하였으며 우리나라로 말할지라도 우리 조선 5백 년에 유교국이라 칭하나 세종조 1대에 유풍이 일어났고, 그 전후하여 왕실에는 골육상쟁骨肉相爭, 조정은 당파분열로 5백 년을 피로 물들인 역사가 되었고, 선유先儒들의 예문 조박을 많이 말하여 마침내 의문儀文에 흐르는 폐가 많았다. 어느 때 참으로 완전히 나라를 다스렸다고 할까? 이미 나라를 못 다스렸으매 하물며 천하를 평정했을 것인가? 돌이켜 저 예수교를 보라. 현금 세계에 문명한 나라는 다 예수교 종교국이 아닌가? 또 멀리 타국을 말할 것 없이 우리 눈앞에 보는 바대로 증거할지라도 유교로 말하면 어려서부터 늙기까지 듣고 보고 배우고 가르치는 바가 다 그 글이라도 그 글을 배운 자 천인 중 한 사람의 실천하는 자를 찾아보기 어렵다."

"그러나 저 예수교로 말하면, 무식한 자, 천한 것들, 주색잡기, 부랑자, 사람 될 희망이 없다 하는 자라도 입교한지 불과 몇 년 몇 개월이면 아주 새 사람이 되니 무슨 일이냐?"

"유교가 잘 못되어 그런 것이 아니라, 그대로 행치 아니하여서 그렇지."

"비유로 말하자. 여기 수레바퀴車輸 둘이 있는데, 하나는 끄는 대로 잘 굴

러가되, 하나는 아무리 끌어도 끌리지 아니하면, 그 끄는 사람의 잘못이 아니라, 그 수레바퀴 자체에 고장이 있는 것이 아닌가? 예수교는 다 버린 사람도 들어가면 새 사람이 되는데, 유교는 어려서부터 배워도 아니 된다면 배우는 사람의 잘못이 아니라, 그 교 자체에 무슨 결점이 있는 것이 아닌가?"

신석구는 자문자답의 질문이 여기에 이르자 대답할 말이 없었다.
어찌하여 유교에서 사람 되게 못 하는 것을 예수교에서는 사람 되게 하는가? 이 도리를 알아보아야겠다. 참으로 나라를 구원하려면 예수를 믿어야겠다. 나라를 구원하려면 잃어버린 국민을 찾아야겠다. 나 하나 회개하면 잃어버린 국민 하나를 찾는 것이다. 그리하여 잃어버린 국민을 다 찾으면 나라는 자연히 구원할 것이다.

그의 신앙의 결단은 나라를 구하기 위한 구국救國의 결단이었다. 그가 비록 이 시기에 국권회복운동에 직접 뛰어들지는 않았지만, 전도하여 잃어버린 국민을 찾는 일이 나라를 구하는 일이며, 자신의 임무요 사명이라고 생각한 것이다.

"내가 예수교 진리는 모르나 우리가 다 예수를 믿어 주색잡기만 아니 한대도 잃어버린 국민을 찾는 것이 되겠다. 나는 성질이 옹졸하여 무슨 크고 원대한 포부를 가지고 대 사업을 성취함으로 구국의 노선에 설 수 없으나, 한 사람 한 사람 전도하여 잃어버린 국민을 찾음으로써 나의 임무를 다 할 수 있다 하여 믿기로 작정하던 날 전도하기로 작정하였다."
고 말하고 있다.

남감리회 개성선교부 전경

신석구가 예수를 믿기로 작정하고 처음으로 고랑포교회 예배에 참석한 날은 1907년 7월 14일 일요일이었다. 잃어버린 자신을 찾고 참 자유를 얻어 새 사람이 되기 위해서 예수를 믿고 교회에 나갔지만, 먼저 믿는 교인들의 "신자간의 야비한 행위" 때문에 곧 회의가 찾아왔다. 그러나 그것도 "네가 잘 믿어 가지고 먼저 믿는 사람이라도 잘못하는 것을 보면 권면하게 되어야지, 남이 잘못하는 것을 보고 낙심하면, 이는 주체적인 신앙이 아니라 다른 사람을 의지하는 것이 아니냐?"는 생각이 들어 극복할 수 있었다. 그렇지만, 새로 믿기 시작한 사람이 오랫동안 믿어온 사람을 충고할 수도 없어 그 교회에서의 인간관계가 원만하지 못했던 것 같다. 그가 그 교회에 출석한 지 얼마 되지 않아 있으려야 있을 수도 없고, 가려고 하여도 갈 데도 없어 매우 위태롭고 어려운 지경에 이르게 되었다. 그때 마침 그와 같은 고향 출신의 남감리교회 전도사 정춘수鄭春洙(1874~1951)를 만나게 되었다.

개성남부교회

정춘수는 그보다 한 살 위이지만, 출생일로 따지면 9개월밖에 차이가 안 났다. 그리고 신석구가 살던 고향에서 30리 정도 떨어져 있던 청주군 회인면 두산리 동래 정씨 집안 출신으로, 1903년 원산에서 남감리교 선교사 하디Robert A. Hardie의 설교를 듣고 개종했다. 이듬해 2월 세례를 받고, 1905년 9월부터 남감리교회 전도사로 임명되어 개성남부교회를 담임하면서 경기도 일대 남감리회 구역에서 전도활동을 하고 있었다. 그러다 1907년 여름 고랑포교회에 설교하러 왔을 때 신석구를 만나게 된 것이다. 두 사람은 사흘 밤을 같이 지내며 사귀게 되었고, 신석구의 사람됨을 알아본 정춘수가 같이 개성으로 가서 새로운 일을 해보지 않겠느냐고 제안했다. 신석구는 그때의 일을 이렇게 회고한다.

긍휼이 많으신 하나님께서 신기한 섭리로 인도하셨다. 믿은 지 꼭 한 달 반이 된 때이다. 개성에서 순행 전도하는 정춘수 씨가 나와서 저녁 예배를 드린 후 나와 한 방에서 유숙한 후 그 다음 날은 다른 교회에 가기로 일정이 잡혀 있었다. 그런데 마침 비가 와서 그 다음 날까지 계속되어 3일 밤을 그와 동숙하게 되었다. 그 밤에 정씨가 나에게 '여기 아니 있어도 무방하면 개성으로 같이 가자'고 제안하였다. 나와 동거한 친구의 정의를 생각해서 나는 대답하기를 주저하고 있는데, 그 이야기를 들은 나의 친구(정진우)가 흔쾌히 승낙해 주었다. 그리하여 나는 그곳을 떠나 개성에 들어가서 미국 의사 리위만李慰萬, Dr. W. T. Reid 씨의 어학 교사로 있으면서 정춘수 씨 댁에 기류하였다.

신석구는 기독교를 믿기로 결심한 지 한 달 보름만인 1907년 8월 말경 새로 만난 친구 정춘수를 따라 개성에 갔다. 그는 그곳에서 정춘수의 집에 1년 동안 우거하며, 1907년 4월에 남감리회 의료선교사로 내한한 리드Dr. Wightman. T. Reid에게 우리말을 가르치는 어학교사로 있으면서 개성 남부교회를 다녔다. 그의 일과는 의사에게 우리말을 가르치는 일, 병원을 찾아온 환자들에게 전도하는 일, 그리고 가끔 일손이 부족할 때 수술을 돕는 일이었다. 리드 선교사도 신석구에게 제안했다.

"의학에 관한 것을 배워보지 않겠느냐?"

절친한 친구 김진우도 그를 찾아와 이런 기회를 이용하여 의사가 되어 돈을 벌 것을 적극적으로 권했다.

"이런 기회는 다시없을 테니 이런 기회에 의학을 공부하게."

"나는 이미 전도하기로 작정했네."

"전도하면 돈이 생기나? 자네 처지를 좀 생각해보게. 돈 안 벌고 되겠나?"

신석구는 자서전에서 그때의 일을 회고한다.

"육신의 사정으로 말하면 그 말도 무리는 아니다. 그때에 내 아내와 자식들은 처가에 가 있었고, 그 밖에 갚아야 할 부채도 적지 않았다. 그러나 그의 권면은 일소에 부치고 말았다."

그러나 진로를 두고 그도 고민하지 않을 수 없었다. 의사가 되어야 하나, 목사가 되어야 하나. 어느 길이 하나님이 원하시는 길인가? 그는 이 문제를 두고 밤이면 산에 올라가 기도하기 시작했다. 이때 전도자가 되기로 결심한 자서전의 기록이다.

그 후에 성경을 보다가 하나님께서 사람들에게 각각의 직분을 주셨다는 구절을 보고는 하나님께서 내게 목사의 직분을 주셨나, 의사의 직분을 주셨나. 이를 알고자 하여 밤이면 산에 올라가 기도하기를 시작하였는데 얼마를 계속하였는지 알지 못하나 하루는 성경을 보다가 베드로전서 3장 16절에 '마땅히 양심대로 행하라' 하신 말씀을 보고, 이렇게 생각했다. '내가 전도하려는 것은 남을 죄에서 건지려는 양심이요, 의사가 되려는 것은 자선사업을 하려는 마음이 아니라 돈을 벌려는 욕심인데, 양심은 곧 하나님이 주신 마음이니 양심의 원하는 것이 하나님이 주신 직분일 것이다.' 그래서 정춘수 씨에게 그의 뜻을 물으니 그도 그렇게 대답했다.

예수를 믿고 아직 세례도 받기 전에 전도자가 되기로 결심했던 것이다. 그는 믿은 지 8개월만인 1908년 3월 29일 개성남부교회에서 선교사 왓슨A. W. Wasson에게 세례를 받았다. 그리고 곧바로 1907년 6월부터 남북감리회가 연합하여 신학교육을 하던 협성신학당에 1908년 4월 입학하여 신학공부를 시작하였다. 협성신학당은 1910년 서울 냉천동에 부지를 마련하고 교사를 지어 감리교 협성신학교로 발전하였다. 그러나 신석구가 입학할 당시에는 농한기에 지역을 순회하며 신학교육을 하였다. 그나마 신석구는 잦은 교회 이동과 어려운 경제 형편으로 신학교 과정을 제 때에 이수할 수 없었다. 그가 이 신학교를 졸업한 것은 입학한 지 14년만인 1922년 6월이었다.

신학 공부를 시작한 신석구는 1908년 7월 개성남부교회 주일학교 교사에 임명되었고, 그 해 12월에는 주일학교 교장을 맡게 되었다. 그 사이인 1908년 9월 정춘수 전도사가 서울 수표교교회로 자리를 옮기고, 개성북부교회에서 시무하던 홍종숙洪鍾肅 전도사가 남부교회로 부임해왔다. 그는 신석구보다 두 살 아래였지만, 평생을 친구로 가깝게 지냈다. 그 친구가 어느 날 신석구에게 물었다.

"전도할 마음 있는가?"

"그것은 내 소원일세"

"그럼 잘 됐네, 내가 전에 있던 북부교회 크램W. G. Cram 선교사가 사람을 찾고 있거든."

신석구는 홍종숙의 소개로 크램 선교사를 만나 1909년 2월 1일부터 개성북부교회에서 전도 사역 시작했다. 그리고 같은 해 5월 19일 홍천에서 개최된 구역회에서 권사 직첩을 받았다. 권사는 평신도 직급이기는 하지만, 목사나 선교사가 없을 때는 예배를 인도하고 설교도 할 수 있었다.

신석구가 권사 직첩을 받은 다음 달인 1909년 6월 크램 선교사가 안식년 휴가로 떠나고, 그해 8월에 내한한 갬블F. K. Gamble이 개성북부교회 담임자로 오게 되었다. 그렇지만 우리말을 배워야 하는 갬블이 한국인 신자들을 대상으로 목회하기는 한계가 있었다. 그러다가

개성북부교회

1910년 10월에 가서야 한국인 목회자로 오화영吳華英 전도사가 부임해 왔다. 결국 크램이 안식년 휴가를 떠난 1909년 6월부터 오화영 전도사가 부임해 온 1910년 10월까지 개성북부교회는 신석구가 전적으로 맡아서 '목회'했다.

신석구가 개성북부교회의 일을 보게 되면서 처갓집에 남겨두었던 가족들도 불러들여 교회 주택에서 함께 살게 되었다. 그러나 그때까지도 경제적으로는 여유를 갖지 못해 갚아야 할 빚이 있었다.

목회자 훈련

신석구가 소속된 남감리회 한국선교회 매년회가 1910년 9월 16일부터 21일까지 개성 한영서원 기숙사에서 개최되었다. 지방회도 매년회 기간 중에 함께 열렸는데 개성지방 감리사는 그의 담임 목사 갬블이었고, 그에게 세례를 주었던 왓슨도 같은 지방 소속이었다. 신석구는 이 지방회에서 전도사 추천을 받았다. 추천받은 사람들은 자격심사위원들의 엄격한 면담심사를 받았는데, 신석구에게 한 심사위원이 물었다.

"부채는 없습니까?"

"부채 60원이 있습니다."

심사위원들은 안타깝게 생각했던지 다음 날 다시 한 번 불러서 물었다. 그러나 그때도 똑같이 대답했다. 변명을 하거나 곧바로 갚을 계획을 말했다면 넘어갈 수도 있는 문제였을 것이다. 그러나 그는 탈락하였다. 그는 그때의 소감을 자서전에서 이렇게 회고한다.

> 폐회하는 그 자리에서 떨어졌다는 말을 들으니 큰 죄를 지은 것 같았고, 동서양 사람 수백 명 모인 이 자리에서 이 광경을 당하니 생전에 처음 보는 부끄러움이었다. 폐회하고 층계에서 내려올 때에 마음속에 분노가 떠올랐다. 오, 예수도 돈이 있어야 믿겠구나.

그는 끓어오르는 분노를 가라앉히고 자신을 돌아보았다.

"사람 보기에는 네가 부채로 인하여 전도사 직분을 못 받았지만, 하나님 보시기에는 네가 아직 전도사 자격이 못 됨으로 못 받은 것 아니냐? 만일 네가 전도사 자격이 될 만하면 하나님께서 부채도 갚아주지 아니하시겠느냐?"

매년회가 끝난 지 20여 일 지났을 때 춘천지방 장로사로 홍천읍교회를 맡고 있던 히치J. W. Hitch 선교사가 그를 초청하였다. 경성지방 장로사 저다인J. L. Gerdine의 권고에 따라 한 달 정도 서울의 전도대회에 참석하고 홍천읍교회에 부임한 것은 1910년 11월이었다.

> 달빛을 띄고 들어가는데 남자 2인, 부인 2인, 여학생 4인이 오리정五里亭까지 마중 나와 들어갔다. 부인 2인 중 1인은 여교사요, 1인은 전임된 전도인의 부인이었다. 들어가는 길에 예배당을 물으니 여기가 곧 예배당이라고 한다. 예배당이래야 온돌방 2칸, 대청마루 2칸이요, 온돌방 뒤에 방 한 칸 부엌 한 칸이 곧 전도인의 주택이요, 대청 건너 방 한 칸이 여교사의 방이었다. 나를 영접하러 나온 남자 가운데 한 분이 교회 살림을 맡은 유사有司였는데, 그가 하는 말이 여기 신자가 하나도 없다고 하며 자기도 실상은 신자가 못된다고 한다. 나는 그 말을 믿지 아니하였더니 차차 지나보니 과연 그의 말이 옳다.

교인 400명이 넘는 개성북부교회에서 목회하다가 교인 10여 명도 안 되는 작은 시골 교회를 담임하게 된 것이다. 봉급은 5인 가족이 생활하기에 빠듯한 월 12원 50전이었다. 그는 홍천읍교회에 권사로 있다가, 1912년 9월 매년회에서 정식 전도사로 임명되었다. 그 후 춘천지방 장

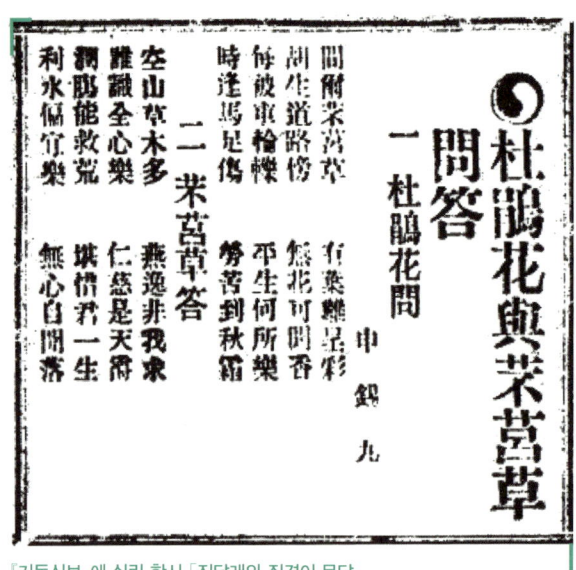

『기독신보』에 실린 한시 「진달래와 질경이 문답」

로사 히치 선교사가 홍천읍교회보다 사정이 더 열악한 인제교회로 파송하려 하였으나 "홍천읍교회 사정이 아직은 떠나기 어려운 형편"이라는 핑계로 장로사의 제안을 거절하였다. 그는 홍천읍교회에서 2년을 더 전도사로 시무하고, 1914년 8월 원산 루씨여학교에서 열린 매년회에서 가평 구역에 전도사로 파송되어 가평읍교회와 주변 4개 교회를 맡았다. 이듬해 10월 개성에서 열린 매년회에서는 춘천지방 "순행 전도사"로 파송되어 그 지방을 순행하며 사경회와 부흥회를 인도하고, 전담 목회자가 없는 교회들을 돌보았다.

신석구는 가끔 교계신문에 글을 기고하여 실리기도 했는데, 1917년 6월 13일자 『기독신보』에 다음과 같은 오언절구 한시漢詩 「진달래와 질경이 문답」을 게재하여 자신을 질경이에 빗대어 당시 그의 심경을 보여주고 있다.

진달래와 질경이 문답	杜鵑花與芣苢草問答
진달래가 묻기를	杜鵑花問
너 질경이에게 묻노라	問爾芣苢草
무슨 마음으로 길가에 있으면서	何生道路傍
잎은 있으나 빛깔이 좋다고 하기 어렵고	有葉難呈彩
꽃도 소문난 향기도 없는 데다	無花可聞香
매양 수레바퀴에 눌리고	每被車輪轢
때로 말발굽에 상하며	時逢馬足傷
평생에 무슨 낙이 있다고	平生何所樂
가을 서리 내리기까지 고생하느냐	勞苦到秋霜
질경이가 대답하기를	芣苢草答
빈산에 초목이 많지만	空山草木多
내 마음의 즐거움 뉘라서 알겠는가	誰識余心樂
연락 안일은 내 구하는 바 아니고	讌逸非我求
인자(仁慈)는 하늘이 주신 것이요	仁慈是天爵
상처의 기름기는 거침을 구할 수 있고	潤腸能救荒
이로운 물기는 약으로 쓰기 편하니	利水偏宜藥
감히 (나를) 비웃는 진달래여	堪笑杜鵑君
(그대는) 무심히 피었다가 지지 않는가.	無心開且落

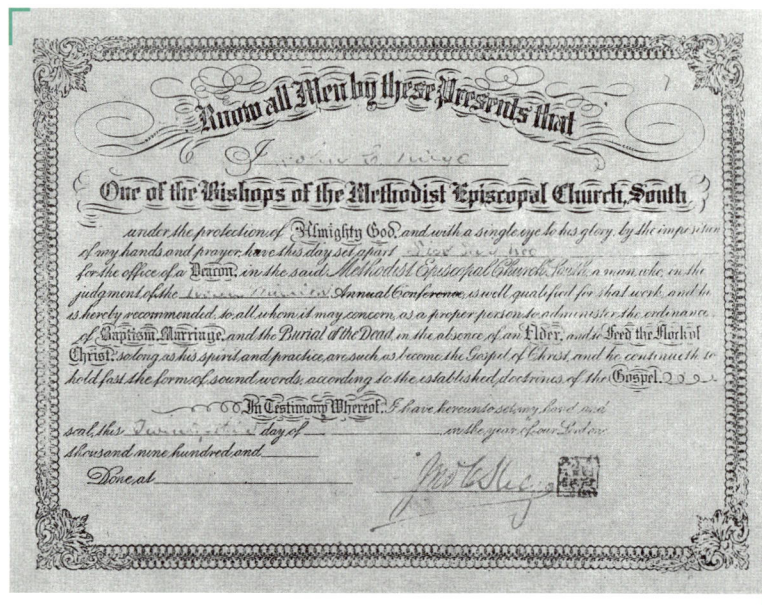

신석구 목사안수 증서(1917)

　신석구는 1917년 9월 23일, 원산 여자성경학원에서 개최된 남감리회 매년회에서 '집사 목사Deacon' 안수를 받았다.

독립을 심으러 3·1민족대표로

3·1독립운동

3·1독립운동은 우리 민족사에서 획기적인 사건이었다. 비록 일제로부터 즉각적인 독립을 쟁취하지는 못했지만, 우리 민족의 의사에 반反한 일제의 불법적인 식민 지배를 만천하에 폭로하고, 우리 민족의 자주 독립의 의지를 분명히 알림으로써, 일제의 패망 후 독립 국가를 건설할 기초를 마련하였다. 신석구 목사는 이 운동의 도화선이 된 3·1독립선언서에 서명한 민족대표 33인 가운데 한 사람으로 참여하였다.

일제의 무단통치로 숨 막혔던 한반도에도 1918년 11월 제1차 세계대전의 종전과 함께 새로운 바람이 불어왔다. 세상이 새로운 질서로 재편되어 평화로운 세상이 될 것이라는 기대가 그것이다.

이에 앞서 1918년 1월 미국의 윌슨T. W. Wilson 대통령이 미 의회에서

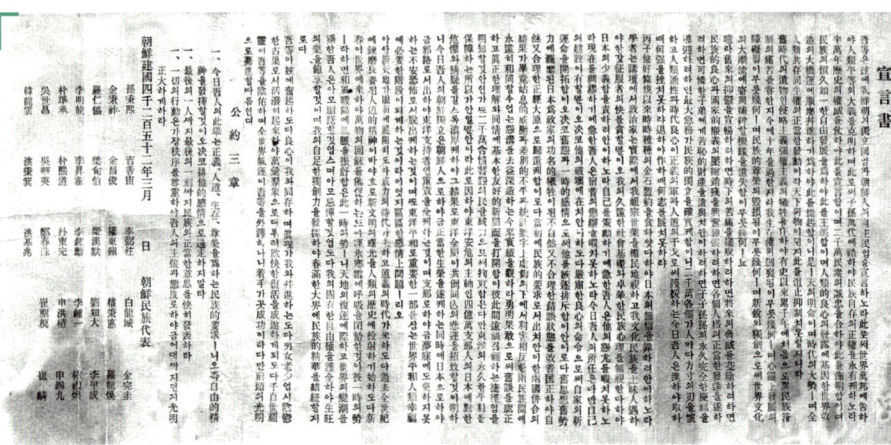
3·1독립선언서

한 연설에서 전후처리를 위한 14개조를 발표하였다. 그런데, 여기에서 "피지배 민족(식민지나 점령 지역)에게 자유롭고 공평하고 동등하게 자신들의 정치적 미래를 결정할 수 있는 자결권을 인정해야 한다"는 '민족자결의 원칙'에 기초한 조항들과 비밀외교 금지, 군비축소, 국제연맹 조직 등을 제안하였다. 그리고 1919년 1월부터 제1차 세계대전의 전후 처리를 위해서 프랑스 파리의 베르사유에서 30여 참전국가의 대표들이 모여 파리강화회의를 개최할 예정이었다.

이런 사실이 언론에 보도되자 해외에서 활동하던 독립운동가들이 이 기회를 이용하여 조국의 독립을 재취하기 위하여 활발하게 움직였다. 상하이[上海]에서는 여운형呂運亨, 장덕수張德秀, 선우혁鮮于爀 등 청년 독립운동가들이 신한청년당新韓靑年黨을 조직해서 활동했다. 미주에서는 대한인국민회가 중심이 되어 1918년 12월 1일 전체 간부회의를 열어 대책을 논의하고 파리강화회의에 파견할 대표로 이승만李承晩, 정한경鄭翰景, 민찬호閔讚鎬를 선임하였다. 일본에 유학하던 유학생들도 당시 일본에서 발행되던 영자신문을 통해 이런 소식을 알고 1918년 12월 29일 유학생 학우회 망년회와 이튿날 웅변대회에서 독립운동을 전개할 논의를 했다. 이들은 1919년 1월 6일 다시 웅변대회로 모여 독립운동을 실행하기로 결의하고 최팔용崔八鏞, 서춘徐椿, 백관수白寬洙, 전영택田榮澤, 윤창석尹昌錫, 송계백宋繼白, 최근우崔謹愚 등 10명을 실행위원으로 선임하였다. 이들은 이광수가 기초한 독립선언서가 마련되자 이를 송계백이 가지고 국내에 들어와 현상윤玄相允, 최린崔麟 등을 만나 이를 알리는 한편, 선언식을 준비하여 2월 8일 도쿄[東京] 조선기독교청년회관에서 독립선언서를 발표하였다.

상하이 신한청년당에서는 1919년 1월 김규식金奎植을 파리강화회의에 파견할 대표로 선임하고, 활동 자금 모금과 국내 호응을 얻기 위해 선우혁과 김철金澈을 국내에 파송하였다. 김규식은 1월 말 파리로 가기 위해 상하이를 출발했다.

한편, 국내에서도 언론과 해외 특파원을 통해 이러한 소식을 접하고, 천도교계와 기독교계를 중심으로 이에 호응하는 국내 독립운동에 대한 논의와 준비가 1919년 1월부터 시작되었다. 더욱이 1919년 1월 21일 '이태왕'으로 물러나 있던 고종이 갑자기 사망하여, 일제의 독살설이 퍼지면서 민중의 독립에 대한 욕구와 배일감정이 더욱 고조되었다.

천도교계는 권동진, 오세창 등 간부들 사이에서 이번이 독립운동의 좋은 기회임을 논하다가 1919년 1월 중순경 송계백이 현상윤, 송진우,

파리강화회의를 위해 파리한국통신부에서 활동한 사람들

최남선崔南善, 최린 등에게 유학생들의 독립선언서를 보이며 유학생들의 독립운동 계획을 알리자, 1월 20일경 최린 권동진 오세창 등이 국내에서도 독립운동을 일으킬 것을 교주 손병희孫秉熙를 찾아가 건의하여 허락을 받았다.

기독교계에서도 이승훈을 중심으로 한 서북 지역의 장로교 계통과 서울 중앙교회 전도사 겸 기독청년회 학생부 간사로 있던 박희도를 중심으로 한 감리교 계통, 평양 장로회신학교 4학년 생으로 세브란스병원교회 조사로 있던 함태영咸台永을 중심으로 한 장로교 계통이 연합하여 독립운동을 준비하였다.

'105인 사건'으로 4년여의 옥고를 치른 바 있던 이승훈은 1918년 8월 31일부터 9월 5일까지 평북 선천읍 북예배당에서 개최된 제7회 조선예수교장로회 총회에서 중국 상하이에서 이 회의에 참석한 여운형과 만나 국내외 정세를 논의했다. 1918년 12월에는 오산학교 출신으로 도쿄에 유학 중이던 서춘徐椿이 그를 찾아와 도쿄 유학생들의 분위기를 전하며 독립운동 방법을 상의했다. 1919년 1월 21일경에는 상하이에서 활동하던 '105인 사건'의 동지 선우혁이 그를 찾아와 국제 정세와 해외 동포의 동향을 말해주며, 상하이에서 김규식을 파리 평화회의에 파견하려고 하는데 자금을 모금할 수 있도록 알선해 달라고 부탁했다. 먼저 선천에서 양전백 목사를 만났고, 평양의 길선주 목사를 찾아가는 중이었다. 이승훈은 이 때 가진 돈이 없어 선우혁의 요청을 선뜻 받아들일 수 없었으나, 이때부터 동지들을 만나 선우혁의 이야기를 전하며 기독교계의 독립운동을 준비했다. 그러다가 2월 10일경 선천읍 백시찬白時瓚 장로 집에서 다시 선우혁을 만나고 독립운동 계획을 의논하고 돌아왔다.

그 무렵 박현환朴賢煥이 이승훈을 찾아와 오산학교 출신인 김도태金道泰의 부탁으로 왔다고 하면서 서울에서 최남선이 서울에 상경하여 계동 김사용金思容 집에서 송진우宋鎭禹를 만나달라고 부탁했다고 전했다. 그는 2월 10일 상경하여 송진우를 만나 천도교계의 독립운동 준비 소식과 기독교계와 연합하여 운동을 하고자 한다는 제안을 받고 흔쾌히 동의하고, 세브란스병원에서 신학교 1년 선배지만, 그보다 8세 연하인 함태영咸台永을 만난 상황을 이야기한 후 그 날로 돌아왔다. 이승훈은 2월 11일 선천을 찾아가 이명룡, 양전백, 백시찬, 유여대, 김병조 등과 회합하여 독립운동에 참여할 것을 권유하여 동의를 얻었다. 이어 그는 2월 14일경에는 선천을 떠나 평양에 가서 기홀병원에 입원 중 손정도孫貞道, 길선

주기선朱基善, 신홍식申洪植을 만나 참여를 권유하여 손정도를 제외한 두 사람의 동의를 얻었다. 손정도는 독립운동에는 동의하지만, 자신은 중국에 가는 길이므로 참여할 수는 없다고 하였다.

이승훈은 이러한 결과를 가지고 2월 17일 다시 상경하여 소격동 김승희金昇熙 집에서 수일간 머물면서 송진우, 최남선, 박희도 등과 만나 운동 방략을 협의했다. 특히 2월 20일에는 박희도가 찾아와 그의 집에서 기독교계 동지들이 모이니 참석해 달라는 부탁을 받고 참석하여 박희도, 오화영, 신홍식, 정춘수, 오기선 등과 운동 방략을 협의했다. 2월 21일에도 함태영 집에서 박희도, 오화영, 안세환, 함태영과 회합을 하고, 최남선을 만나 그와 함께 최린을 찾아가 운동비로 3천원을 마련해 주도록 요청했다. 2월 23일 함태영 집에서 오기선을 만나 참여를 권고하였으나 거부당하고, 최린에게 5천원을 받아 박희도에게 2천원을 주고, 나머지 3천원은 유명근에게 맡겨 두고 그 증서를 박희도에게 주어 운동비로 사용하게 했다.

그동안 기독교계에는 '독립선언서'냐, '독립청원서'냐로 약간의 논쟁이 있었으나, 둘 다 하기로 합의하고, 그는 2월 24일 함태영과 함께 최린을 찾아가 이 사실을 알렸다. 이승훈은 2월 26일에는 이필주 집에서 정오에 모인 기독교 측 회합에 참석하여, 최성모, 오화영, 김창준, 박희도, 박동완, 신석구, 이갑성, 함태영 등과 의논하여 기독교계 서명자 16인을 확정하고, 이날 오후 2시 한강 인도교 부근에서 함태영, 이필주, 안세환, 박희도, 오화영, 최성모 등이 모인 준비 모임에도 참석했다. 독립선언서 서명자들은 2월 28일 저녁에 손병희 집에서 전체 모임을 가졌다. 이들은 마침내 1919년 3월 1일 오후 2시 명월관지점에 모여 독립선언서를 발표하고, 곧바로 일제 경찰에 체포되어 투옥되었다. 이런 과정에서 신석구 목사는 같은 남감리회 소속으로 협성신학교 선배이기도 한 오화영 목사로부터 1919년 2월 19일경 독립운동 참여를 요청받았다.

민족대표 참여와 법정 투쟁

신석구 목사는 1918년 10월 30일부터 11월 4일까지 개성에서 열린 미 남감리회 제1회 한국연회에서 서울 수표교교회로 파송 받았다. 친구 오화영 목사는 같은 연회에서 장로목사로 승급하였다. 이 무렵 남감리회는 1919년 1월부터 2년간 감리교회선교기념100년 대활동을 하기로 하고 윤치호, 양주삼, 정춘수 등 8인 위원을 선임하여 기념사업을 준비하여 연회에 보고하게 하였다. 그리고 1919년 초부터는 각 지역별 연합집회를 갖고 있었다. 원산중앙교회를 담임하고 있던 정춘수 목사가 서울에 교회 일로 2월 중순경 서울에 올라와 있어, 서울 종교교회를 담임하고 있던 오화영 목사가 친구인 그에게 2월 16일 주일 저녁 예배 설교를 부탁했다. 설교 후 두 사람은 독립운동에 대한 의견을 나누게 되었고, 그 이튿날 박희도를 찾아가 독립운동 추진에 대한 이야기를 듣고 함께 하게 되었다. 박희도는 그때 마침 서울에 머물고 있던 장로교의 이승훈과도 연락이 되어 2월 20일 박희도가 교감으로 있던 영신학교 사무실에서 이승훈, 신홍식, 박희도, 정춘수, 오화영 등이 회합을 하였다.

　신석구 목사는 이런 모임에는 참석하지 못했으나, 이런 일이 진행되

남감리회 1918년 연회를 마치고(1918. 11)

신석구 목사가 부임할 당시의 서울 수표교교회(1914년 헌당)

고 있던 2월 19일경 서대문에 있던 피어선성경학원에서 오화영 목사를 만나 "독립운동을 하기 위해 천도교 측과 연합하려고 하는데 거기에 참가하겠느냐?"는 질문을 받았다. 신석구 목사는 대답하기 어려웠다. 그가 그때까지 선교사들로부터 받아 온 '정교분리적政敎分離的 신학교육' 때문이었다. 선교사들은 신앙인 특히 교역자는 절대 정치적인 일에 참여해서는 안 되며, 타 종교는 우상숭배로 어떤 일도 그들과 함께 해서는 안 된다고 가르쳐 왔다. 그는 자서전에서 "내 생각에 두 가지 어려운 것은 첫째 교역자로서 정치운동에 참가하는 것이 하나님의 뜻에 합당한가? 둘째 천도교는 교리 상으로 보아 서로 용납하기 어려운데 그들과 합작하는 것이 하나님의 뜻에 합당한가? 하여 즉시 대답치 아니하고 좀 생각해 보겠다고 하였다"고 회고한다.

그는 그 후 새벽마다 이 일을 위해서 하나님 앞에 기도하고 간절히 응답을 구했다. 그러던 일주일째 되던 날인 2월 27일 새벽 기도 중 '하늘의 음성'이 그의 마음에 들렸다.

4천 년 전하여 내려오던 강토를 네 대에 와서 잃어버린 것이 죄인데, 찾을 기회에 찾아보려고 힘쓰지 아니하면 더욱 죄가 아니냐?

더 이상 망설일 필요가 없었다. 그는 그날 오전 승동교회에서 오화영 목사를 만나 독립운동에 참여하겠다는 뜻을 전했다. 마침 그날은 기독교계의 지도자들이 정오에 정동교회 이필주 목사 사택에 모여 최종으로 기독교계 민족대표를 확정하려던 날이었다. 오화영 목사는 이 사실

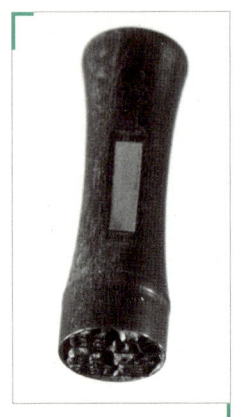

3·1운동 때 사용한
신석구 목사의 도장

을 알려주고 같이 참석하자고 했다. 이 모임에는 이승훈을 비롯하여 박희도, 김창준, 함태영, 이갑성, 최성모, 박동완 등이 참석했다. 신석구는 오화영과 함께 이 모임에 참석하여 함태영이 가져온 독립선언서와 독립청원서의 초안에 서명하고, 정식 인쇄된 문건이 나오면 날인하도록 도장을 함태영에게 맡겼다.

그러나 독립선언을 한다고 해서 곧바로 독립이 되리라고는 신석구 목사도 믿지 않았다. 그는 이 결단을 하면서 죽음을 각오했다. 그는 자서전에서 이렇게 말한다.

예수 말씀하시기를 '밀알 하나가 땅에 떨어져 죽지 아니하면 그냥 한 알 그대로 있고, 죽으면 열매가 많이 맺힐 것이라' 하셨으니, 만일 내가 국가 독립을 위해 죽으면 나의 친구들 수천 혹 수백의 마음속에 민족 독립정신을 심을 것이다. 설혹 친구들 마음에 못 심는다 할지라도 내 자식 3남매 마음속에는 내 아버지가 독립을 위하여 죽었다는 기억을 끼쳐 주리니 이만 하여도 만족하다고 생각하였다.

어떤 믿는 사람이 은근히 걱정하며 그를 만류하기도 했다.
"제가 어떤 선생님께 독립운동에 대해서 여쭈어보니 아직은 때가 아니라고 합디다."

"나도 이른 줄은 아네. 그러므로 나는 지금 당장 독립을 거두려는 것이 아니라, 독립을 심으러 가네."

한 알의 밀알, 독립의 씨앗이 되어 후손들이 독립의 열매를 거두도록 그들의 마음과 기억 속에 독립을 심으러 가는 것, 이것이 신석구의 소명이었던 것이다.

신석구는 2월 28일 밤 손병희 집에서의 마지막 민족대표들의 준비모임과 3월 1일 오후 2시 태화관 독립선언식에 참석하고 다른 서명자들과 함께 일제 경찰에 체포되었다.

죽음을 각오하고 기도하는 가운데 신앙적 결단으로 참여한 일인 만큼 일제의 심문관 앞에서 그의 태도는 당당하고 확신에 차 있었다. 체포된 당일인 3월 1일 경무총감부에서 실시된 경찰심문에서 그는 이렇게 답하고 있다.

"어떠한 일로 독립을 하려고 하였는가?"

"선언서와 같다. 나는 조선은 조선민족으로 통치하도록 하려고 생각하였다. 조선은 일본이 약탈하기 때문에 일본은 조선의 원수라고 하지마는, 우리들은 하나님에게 몸을 바치고 있으니까 그 원수를 갚겠다고는 하지 않고 하나님의 마음으로 조선을 독립할 것이다. 그러니까 조선은 결코 일본을 위하여 이권을 제공하는 나라가 될 수 없으므로 독립하려고 한다. 이 일은 단지 조선을 위하여서만이 아니라 일본도 이익이 된다고 생각한다."

신석구 목사는 경무총감부에서 1주일간 구류 심문을 받은 후 서대문 감옥으로 이감되어 독방 생활을 하면서 계속해서 검사의 심문을 받았다. 3월 13일 검사의 심문에서도 그가 독립운동에 참여하게 된 과정을 상세히 진술하면서 독립의지를 당당하게 밝히고 있다.

"피고는 이번 조선독립운동을 하게 된 전말을 자세히 말하라."

"본년 2월 19일인가 20일경 나는 오화영을 서대문안 성경학원에서 만났는데 그가 말하기를 조선독립운동을 염두에 두고 계획하니 그대 생각은 어떠한가 하므로 나는 잠깐 생각해 보겠다고 한 후 같은 달 27일 승동예배당에서 그와 만났다. 오화영 목사가 생각하여 보았는가 하므로 나는 찬성한다고 대답하였더니 찬성한다면 날인을 하라고 하였다. 이필주 집에 가니 박동완, 오화영, 최석모, 이승훈, 박희도, 이갑성, 김창준 등이 있었는데 독립선언서를 인쇄하려면 대표자가 서명 날인하여야 하니 날인하라고 하므로 날인하였다. 2월 28일 밤 재동 손병희 집에서 동지 일동이 집합하여 3월 1일 오후 2시 파고다공원에서 독립선언서를 발표할 예정이었으나 여러 사람이 집합하면 혹 소동이 있을지 모르므로 우리는 명월관지점에 가서 총독부에 독립선언서와 건의서를 제출하자 하였다. 3월 1일 오후 2시 명월관지점에 나와 동지 일동이 집합하였을 때 음식물이 나왔다. 그 후 곧 경찰이 와서 인치되었다."

"피고는 조선독립이 될 줄로 생각하였는가?"

"그렇다. 될 줄로 생각한다."

"장래에도 또 독립운동을 할 것인가?"

"그렇다. 나는 한일합병에도 반대하였으니 독립이 될 때까지는 할 생각이다."

5월 5일 경성지방법원 예심판사의 심문에서도 다음과 같이 그의 투

철한 독립의지를 당당히 진술하였다.

"피고는 한일합병에 반대하는가?"

"그렇다. 조선은 4천년의 역사를 가진 나라로서 타국에 병합되는 것은 누구든지 싫어한다. 나는 한일합병에 반대한다."

"한일합병 전의 조선은 대단한 악정으로써 인민은 노예와 같이 대우를 받고 있었으나 합병한 후부터 자유와 행복을 누렸다고 하는 것을 알지 못하는가?"

"그런 것도 있다 하지만, 독립국이 된다면 선정을 할 때가 필연적으로 올 것이다."

"병합하여 영원히 선정을 하여 인민이 행복하면 좋지 않은가?"

"병합한 후 조선은 식민지로 되어 조선 사람은 열등한 대우를 받고 있는데 조선인민에게 행복이 올 리가 없다."

"조선은 문화의 발전이 되지 않고 인민의 생활정도가 일본보다 낮으므로 그 정도에 응하여 교육제도의 시설을 하여야 하지 않는가? 그리고 조선인에 대한 대우를 말한다 하더라도 인민의 행복과 자유가 점차 커가고 있지 않는가?"

"조선 사람으로서는 동등한 대우를 한다 하여도 그런 것을 희망하지 않는다. 그것은 조선 사람으로 하여금 조선정신을 잃어버리게 하는 일이기 때문이다. 교육에서도 정도가 낮을 뿐 아니라 일본정신의 주입식 교육을 실시하므로 병합에 반대하고 있다. 가령 종처가 있다면 치료할 수 있지 않는가?"

"그 치료를 하기 위하여 합병한 것이 아닌가?"

"그렇지 않다. 조선 사람으로서는 그러한 치료를 받기를 원하지 않는다."

"그러면 피고는 조선의 국민성을 잃지 않고 있다가 기회만 있으면 조선독립을 계획하려고 생각하고 있는가?"

"항상 그런 생각을 하고 있다."

이 심문에서 신석구 목사는 독립선언서와 함께 서명한 청원서에 대해서도 독립을 통보한 것으로 이해하고 있다.

"피고는 독립국이 꼭 되려고 선언하였는가 그렇지 않으면 선언을 하는 데만 그치려고 한 것인가? 정부가 조직되지 않고 실력도 없이 독립청원을 하고 있으므로 독립이 된다고 믿지 않았던 것은 아닌가?"

"형식상 금일 조선 독립은 성립되고 있지 않으나 씨를 심을 때에는 추수가 있을 것을 판단하는 것과 같이 청원한다고 하는 것은 실은 청원이 아니고 독립한다는 것을 통지한 것이다. 우리가 대표자로서 명의를 낸 것은 조선인 전체가 이 의견이라고 생각한 것이며 세계 각국이 민족자결을 제창하고 있으므로 우리는 독립이 되리라고 믿고 또 그 일을 일반에 통지한 것이다. 우리는 이미 일본의 쇠사슬을 벗어나려고 생각하고 있다."

일제 경찰은 독립선언서 서명자 33인 가운데 중국으로 망명하여 임시정부에 참여한 김병조 목사를 제외한 32인과, 독립선언 준비 과정에 참여했던 함태영, 최남선, 강기덕, 김원벽, 이경섭, 한병익, 김홍규, 박인호, 노헌영, 송진우, 현상윤, 정노식, 김도태, 임규, 안세환, 김지환, 김세환 등 17인을 체포하여 49인을 검찰에 넘겼다. 검찰은 이들을 '독

신석구의 공판을 보도한 신문기사(『동아일보』 1920. 9. 24.)

립선언사건'으로 병합하여 '보안법 위반, 출판법 위반'으로 예심을 진행했다. 그러나 예심을 받던 5월 26일 서명자 동지 가운데 양한묵梁漢黙이 갑자기 옥사하였다. 결국 양한묵을 제외한 48인의 경성지방법원의 예심 종결은 1919년 8월 1일에 나왔다. 이 사건은 고등법원의 특별권한에 속하여 지방법원 관할이 아니라는 것이다. 고등법원 특별형사부에서는 8월 26일부터 '내란 피고사건'으로 다루어 예심 심문을 다시 하였으나, 이듬해인 1920년 3월 22일 예심 종결에서 '내란죄'를 적용하기에는 무리가 있다고 보고, 지방법원의 관할이므로 경성지방법원을 관할재판소로 지정하였다. 경성지방법원에서는 이 사건을 '내란 피고사건'으로 확대하여 엄중한 처벌을 함과 동시에 곤란한 재판의 책임을 회피하고자 하였고, 고등법원에서는 이 사건을 될 수 있는 한 축소하고 관련자에게

신석구 목사(1919년경)

가벼운 처벌을 함으로써 이 사건의 의미와 파급력을 축소하려 하였던 것이다.

이 사건을 다시 넘겨받은 경성지방법원은 다시 '보안법 출판법 위반 및 소요 피고 사건'으로 1920년 7월 12일부터 공판을 시작했지만, 변호사들의 항의로 공판이 순조롭게 진행되지 않자, 8월 9일 공소 불수리 결정을 하고, 검사의 공소 제기로 사건을 경성복심법원으로 넘겼다. 경성복심법원은 '보안법 위반, 출판법 위반 소요 피고 사건'으로 9월 20일부터 항소심 공판을 시작했다. 신석구는 그 셋째날인 9월 22일 오후에 법정 심문을 받는데 당당히 재판관과 논쟁을 벌여, 곤봉으로 머리를 구타당하는 법원 직원의 제재를 받기까지 했다.

"일한합병에 대한 감상은?"
"그것은 물론 반대이지요. 사람치고는 다 한 가지가 아니오? 일본사람이 조선 사람이 되어서 지금 재판장이 나의 처지에 있더라도 물론 그러하겠지요. 재판장이 묻는 것이 도리어 실수가 아니오? 물을 것도 없는 것이 아니오? 독립사상은 처음부터 합병 당초부터 지금까지 이 법정에 선 이때까지 조금도 변함이 없이 내 가슴 속에 사무치고 있소. 일본사람이 조선 사람을 통치함에는 말하지 못할 압박과 핍박 강제를 다하여 참아 견디지 못하게 하였지마는 나는 지금까지 생명을 끊지 못하고 있소. 허나 그

것은 한 가지 바라는 희망이 있는 것이니 그것은 '조선은 언제든지 조선 사람의 조선이 되겠다' 함이오."

— 『동아일보』 1920년 9월 24일 「독립선언사건의 공소공판」

경성복심법원 형사부 검찰은 10월 12일 신석구에게 손병희, 최린, 오세창, 이승훈 등과 같은 징역 3년을 구형했다. "나는 맨 나중에 참가해서 한 일이 아무것도 없다."고 고백할 정도로 늦게 참여하여 상대적으로 혐의가 약했던 신석구가 '주모자급'과 같은 징역 3년을 구형받은 것은 그의 강경한 법정 투쟁 때문이었을 것이다. 미결수로서 지리한 재판은 그가 구속된 지 1년 10개월만인 1920년 10월 30일 경성복심법원의 판결로 끝났다. 신석구는 징역 2년을 선고받고, 미결구류일수 360일을 형기로 계산하도록 인정받았다. 그와 함께 재판을 받은 47인의 죄명과 형량은 다음과 같다.

- 죄명: 보안법 위반, 출판법 위반, 소요
- 징역 3년(8명): 손병희, 최린, 권동진, 오세창, 이종일, 이인환(이승훈), 함태영, 한용운
- 징역 2년 6개월(4명): 최남선, 이갑성, 김창준, 오화영
- 징역 2년(20명): 임예환, 나인협, 홍기조, 김완규, 나용환, 이종훈, 홍병기, 박준승, 권병덕, 양전백, 이명룡, 박희도, 최성모, 신홍식, 이필주, 박동완, 신석구, 유여대, 강기덕, 김원벽
- 징역 1년 6개월(3명): 이경섭, 정춘수, 백용성(백상규)

- 징역 1년(2명): 한병익, 김홍규
- 무죄(11명): 박인호, 노헌영, 송진우, 현상윤, 정노식, 김도태, <u>길선주</u>, 임규, 안세환, 김지환, 김세환

※유죄 37인에게 미결구류일수 360일을 각 형기에 산입
※밑줄친 이름은 민족대표이다. 이 판결문에는 민족대표 33인 중 양한묵과 김병조가 빠져 있는데, 이는 양한묵은 옥사하였고, 김병조는 국외로 망명하여 재판을 받지 않았기 때문이다.

옥중 생활

신석구 목사는 3월 1일 동지들과 함께 독립선언 현장에서 체포된 후 경무총감부로 압송되어 조사를 받고, 3월 14일 구속 기소되어 미결수들이 수감된 서대문형무소로 이감되었다. 그러다가 1920년 10월 30일 경성복심법원에서 형이 확정되어 마포에 있던 경성형무소로 옮겨져 거기서 1년간 수감되었다가 1921년 11월 4일 형 만기로 출옥하였다. 1919년 3월 1일 체포된 때부터 2년 8개월간 옥고를 치른 셈이다. 그 가운데는 초기 서대문형무소 독방에서 5개월이 포함되어 있었다. 독방생활을 하던 때의 일이다. 서대문형무소로 이감된 지 두 달여 지난 어느 날(5월 26일) 옆방 동지 양한묵이 별세했다는 소식이 전해졌다. 신석구는 자서전에서 그때의 일을 이렇게 회상한다.

하루는 갑자기 옆방에 수감되어 있던 양한묵 씨가 별세했다고 전하는데 무슨 병으로 별세했느냐 물으니 어제 저녁까지 잘 자셨는데 밤에 별세하

서울 서대문형무소의 벽관 모형

였다고 한다.

나는 그 말을 들을 때 인생이 이렇게 허무함을 놀라 탄식하는 동시에 스스로 돌아보아 나도 어느 때에 그 같이 될지 알지 못함을 생각하며 깊이 반성하지 않을 수 없었다. 그리하여 세상의 모든 복잡한 생각들을 다 포기하고 다만 묵상기도하는 중에 영혼을 예비하고 앉아있으니까 감방이 나에게 천당 같이 아름다웠다. 자나 깨나 주님께서 늘 내 우편에 계심을 든든히 믿으니 말 할 수 없는 환희 속에 잠겨 지냈다. 나는 40여년 신앙생활 중 그때 5개월간 독방생활 할 때 같이 기쁨의 생활을 한 때가 없었다고 생각한다.

죽음의 공포 가운데서도 신앙으로 기꺼이 옥고를 감내하였던 것이다. 감옥 생활은 고통의 연속이었을 것이다. 자서전에서조차 감옥생활의 고통은 이야기하지 않았으나, 설교를 하는 중에 그때의 일을 내비친 적이

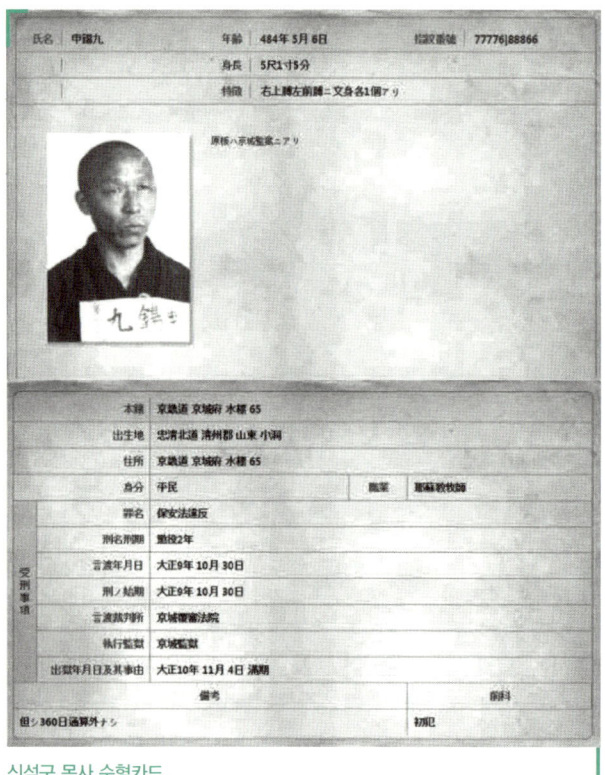

신석구 목사 수형카드

있다. 감리교신학교에서 발행하던 『신학세계』 1937년 3월호에서 「십자가에 대한 명상」이라는 제목의 설교문을 게재하면서 그 가운데 짤막한 감옥에서의 경험 두 가지를 소개하고 있다.

> 내가 일찍이 답답한 일을 한 번 당해보았다. 내가 재판소에서 예심으로 있을 때 한 작은 상자 속에 갇혀서 하루 동안 고생했다. 상자에서 나와 감옥소로 간 즉 내 집에 간 것처럼 평안했다.

여기서 신석구가 하루 동안 갇혔던 '한 작은 상자'는 벽관壁棺이라는 일제의 가혹한 고문 도구다. 또 한 번은 죽음의 공포가 몰려와 시력을 잃을 정도였다.

내가 감옥에 있을 때 또한 그런 고통을 당해 보았다. 내 곁방에 한 사람이 사형 선고를 받았는데 나도 그 사람과 같은 죄목으로 갇혀 있었던 까닭에 나도 사형이나 당하지 않을까 해서 나는 말할 수 없는 고통을 느꼈다. 이렇게 일주일을 지냈는데 판결받기 하루 전에 내 눈은 어두워져서 4호 활자로 된 찬송가를 볼 수 없었다. 내게는 다행히 사형의 판결이 내리지 않았다. 그래서 내 눈은 다시 밝아졌다.

그런 가운데서도 신석구는 만세 시위를 하다가 잡혀온 젊은이들을 위로하고 격려하는 '옥중 목회'에도 힘쓰고, 자신의 목회 생활을 돌아보며, 석방 후 힘써 해야 할 '사랑과 섬김의 목회'에 대한 결의도 다졌다.

"(감옥에서) 옆방에 정태용 씨(당시 대영성서공회 직원)라 하는 청년이 있어 서로 대화를 통해 알게 되었는데, 이 청년이 며칠 뒤부터는 조급한 마음에 번민을 이기지 못하여 밤에도 자지 못하고 정신이상이 생길 듯하였다. 그럴 때마다 신앙으로 권유하며 위로하여 주기를 2, 3일간 한차례씩 하여 그는 마침내 평안히 있다가 나가게 되었다. 하나님께서 그 이를 나의 옆방으로 인도하셔서 나로 하여금 그를 도와주게 하신 것에 감사하였다."

목회 활동과 기독교 구국론

일제의 '문화통치'와 신간회 운동

3·1독립운동에서 한국인들의 거족적인 저항에 부딪힌 일제는 '무단통치'만으로는 계속적인 식민지배가 어렵다고 보고, 1919년 8월 총독을 사이토 마코토[齋藤實]로 교체하여 정책의 변화를 꾀하였다. 사이토 총독은 이른바 '문화정치'를 표방하여, 시정개선을 약속하고 저항 세력에 대한 회유와 분열정책을 써 이른바 '분할통치'라고 하는 보다 지능적인 '식민지배정책'을 구사하였다. 이 시기 사이토 총독의 '조선통치 방침'은 다음과 같았다.

    1. 조선의 독립은 허락하지 않을 것.
    2. 조선인의 조선 자치를 허락하지 않을 것.

3. 조선에 지방자치를 인정할 것.
4. 장래 조선인을 제국의회의 의원이 되게 할 것.
5. 재외 조선인에 대한 보호 취체 방침을 세울 것.
6. 문명적 행정을 할 것.

다시 말해서 한국의 독립과 한국인의 자치는 절대로 허락하지 않고 때가 되면 지방자치나 조선인의 일본 의회 진출을 허용할 수 있다는 것이었다. 물론 이용 가치가 있는 친일적 인물에 한해서였다.

1920년부터 『동아일보』와 『조선일보』 등 민간 신문의 발간을 허용하고, 집회 결사의 자유도 어느 정도 완화하기는 하였지만, 이것도 격앙된 민심을 달래기 위한 차원이었고, 헌병경찰제를 보통경찰제로 전환하면서 경찰관서와 경찰관 수를 대폭증강하고, 특고형사에 의한 한국인의 감시와 통제를 더욱 강화하였다. 그리고 각종 친일단체를 조직하여 대거 그들의 정책에 협력하는 친일파를 육성하였다. 더욱이 1925년부터는 치안유지법을 한국에도 확대 적용하여 사회주의 공산주의 운동을 비롯한 민족해방운동을 가혹하게 탄압하였다.

1927년 초부터 좌우합작에 의한 민족협동전선의 최고기관인 신간회新幹會가 조직되어 활발한 활동을 했다. 신간회는 홍명희·안재홍·신석우 등 비타협적 민족주의자들이 종교계 지도자들과 일제의 극심한 탄압을 받으며 타락하지 않은 민족주의 세력과 동맹을 모색하던 조선공산당계 인사들을 망라하여 1927년 1월 19일 발기인 대회를 개최하고, 2월 15일 창립총회를 개최하여 출범하였다. 처음부터 총독부의 인가를 얻어 합법적인 단체로 출범하려 하였기 때문에 발기인 대회에서 채택한 강령은 1. 우리는 정치적 경제적 각성을 촉진함, 2. 우리는 단결을 공고히 함, 3. 우리는 기회주의를 일체 부인함이라는 간결하고 온건한 것이었다. 그러나 그 내포된 의미는 본부와 각 지회들의 현실적 정책 제안에서 드러나듯이 우리 민족의 정치적 완전 독립과 경제적 해방, 자치운동의 부인, 타협적 개량주의 운동의 배격, 민족의 총 단결, 민족적 권익의 실현을 지향한 것이었다. 실제로 신간회에서 입안하고 추구했던 정책들은 타협주의 정치운동 배격과 민족운동 지원, 한국인의 빼앗긴 기본권 회복, 한국인에 대한 탄압법령의 철폐, 일본인 이민과 착취기관 철폐, 일제의 경제수탈 철폐, 조선인 본위 교육과 조선어 사용 교육 실시, 여성에 대한 차별·억압제도 폐지, 형평사원 등에 대한 차별 반대, 농민 소작인의 권익 옹호, 노동자의 권익 옹호 등이었다.

신간회는 본부를 서울에 두고 전국 각지에 군 단위 지회가 설치되었으며, 만주의 간도, 일본의 도쿄[東京]·교토[京都]·오사카[大阪]·나고야[名古屋] 등 해외에도 지회가 설립되었다. 신간회 지회는 각 지역의 청년단체와 사회운동단체의 회원들, 비타협적 지역 유지들이 중심이 되어 결성되었는데, 1927년 12월까지 104개의 지회가 설립되어 회원이 2만 명을 넘어섰고, 이듬해 12월에는 그 수가 143개로 증가하였으며, 회원수도 4만여 명에 이르렀다. 이와 같이 신간회가 확산되고 활발한 운동을 전개하자, 일제는 마지못해 허가하였던 신간회 본부는 물론 지회까지도 '과격한 불온단체'로 보고, 그 임원들을 '요시찰 인물'로 감시하며, 집회나 활동을 불허하거나 방해하는 경우가 허다했다. 1928년과 1929년에는 예정된 정기대회 마저 불허하여 신간회 본부는 1929년 6월 복대표대회라는 약식대회를 개최하여 규약을 개정하고 회장제를 집행위원장제로 바꾸었다. 그해 11월 광주학생운동이 일어나자 신간회는 적극적으로 지원활동에 나서 대대적인 반일시위 운동을 계획하였으나, 일제 경찰의 사전 단속으로 민중대회가 좌절되고 중앙집행위원장 허헌을 비롯한 다수의 집행부까지 구속되는 사태가 일어났다. 결국 신간회는 일제의 탄압과 분열공작, 내부 좌우분열로 갈등을 겪다가 1931년 5월 해소되었다.

출옥 후 목회활동

신석구 목사는 1921년 11월 4일 서울 경성감옥에서 형 만기로 출옥하였다. 독립선언 동지들 중 2년형 판결을 받고 복역하던 박희도, 이필주, 최성모, 신홍식, 이명룡, 양전백, 박동완 등 16명도 그와 함께 석방되었다. 이들의 출옥을 1921년 11월 5일자 『동아일보』는 "독립선언 관계자 17인의 만기 출옥"이라는 제목으로 이렇게 보도하고 있다.

> 옥문은 무겁고 세월은 빠르다. 재작년 삼월일일에 조선독립을 선언하고 독립운동을 하다가 모두 체포되어 혹은 이년 혹은 삼년의 판결 언도를 받고 공덕리孔德里 경성감옥京城監獄에서 복역하던 독립운동의 수령인 여러 사람 중에 이년 징역의 언도를 받고 어둠과 찬바람에 둘러싸인 감옥 속에서 봄이 오나 여름이 가나 무거운 철창은 지옥 같이 막히고 쓸쓸한 찬바

신석구 목사 석방 소식과 사진이 실린 신문기사(『동아일보』 1921. 11. 5.)

람은 사철 없이 부는 그 속에서 고통의 생활을 계속하던 십육 명은 어느덧 만기가 되어 지난 4일 아침에 오랜만에 세상을 다시 구경하게 되었다. 쌀쌀한 아침 바람은 굳게 잠긴 옥문에 부딪히고 맑게 개인 날 빛은 그들을 구속하였던 감방의 지붕을 반기듯이 비추었다. 자나 깨나 옥중에서 고생하던 그들을 생각하고 손을 꼽아 기다리던 가족들은 동창이 채 밝지도 아니하여 옥문 앞에 답지하고 그 중에 특별한 허락을 얻은 가족은 옥문 안까지 들어와서 감옥 현관에서 기다리고 있다.

이들을 환영하기 위해 이른 아침부터 최병헌 목사, 이상재 선생, 인천 감리사 김찬흥 목사, 수원 감리사 현석칠 목사 등도 나와 있었다. 신석구 목사는 감옥에서 풀려났지만, 전에 담임했던 수표교교회에는 이미 유경상 목사가 담임하고 있었기 때문에 그곳으로 돌아갈 수는 없었다. 남감리회 연회에서는 이런 딱한 사정을 고려하여 11월 15일 '특별 파송'을 단행하여 원산 상리교회로 그를 파송하였다. 원산 상리교회는 정춘수 목사가 3·1운동으로 구속되기 전 시무하던 교회로 그 지역 남감리교회의 중심이 되는 교회였다. 그 교회의 교세는 신석구 목사가 부임한 이듬해 통계에 의하면 세례 입교인이 201명, 학습인과 원입인을 포함한 전체 교인이 752명이나 되었다. 주일 평균 출석 교인은 450명, 장년과 유년 주일학교 학생은 750명이었다. 더욱이 이 교회는 그가 부임한 이듬해 11월에 목사 사택으로 열 칸짜리 기와집까지 마련해 주어, 이 교회에서 목회한 4년 동안 식구들과 안정된 생활을 할 수 있었다.

생활이 안정되자 신석구 목사는 그동안 미루어 왔던 신학 과정을 이수하여 1922년 3월 16일 감리교협성신학교를 제8회로 졸업했다. 그의 나이 48세 되던 해였다. 이어서 같은 해 9월에는 연회 준회원이 되고, 1923년 9월 서울 수표교교회에서 개최된 연회에서 '장로목사Elder' 안수를 받았다. 1924년 9월 개성 중앙교회에서 개최된 연회에서는 완전한 정회원이 됨으로써 지방을 감독하는 장로사(감리사)가 될 수 있는 자격을 갖추게 되었다.

이 무렵 신석구 목사는 감동적인 설교가로도 널리 알려져 1922년 7월 서울에서 발간된 『종교계 저명사著名士 강연집』에 「기독교와 사명」

이라는 설교문이 실리기도 했다. 그는 이 설교문에서 이렇게 말한다.

> 오늘날 우리 조선에서 여러분과 같이 이 나라를 구원하기 위하여 이 백성을 성결케 하기 위하여 힘을 다하라 할 것 같으면, 우리는 그리스도와 같이 되어야 하겠습니다. 다시 말하면 우리의 마음속에 교회의 초석으로 살아계신 그리스도를 심어 주어야 할 것입니다. 그 뜻은 교회에 들어왔을 것 같으면, 어떤 곳을 둘러보든지 그 교회에 모이는 사람들은 목사, 장로, 전도사, 교사, 집사, 일반 신자, 남녀노소를 물론하고 그리스도의 피가 그 사람을 통하여, 그 피가 통한 것이 얼굴에 나타나지 않으면 안 되겠습니다.

은유적으로 표현하고 있기는 하지만, 기독교인의 사명은 '이 나라'와 '이 백성'을 '구원'하는 데 있으며, 그러려면 교인들이 누구나를 막론하고 살아계신 그리스도를 마음의 중심에 모시고, 그리스도와 같이 되어야 하며, 그것이 겉으로도 들어나야 한다는 것이다. 그가 처음 예수를 믿기로 결심했을 때 가졌던 '기독교 구국론'을 설교를 통하여 선포하고 있는 것이다.

신석구 목사는 자신이 3·1운동 참여로 2년 8개월의 옥고를 치른 것도 하나님께서 '우리 동포의 환란에 동참하여 맛보게 하심'으로 생각했다. 그는 1922년 2월 하순경 구약성서 다니엘서 9장을 읽다가 감동이 되어 눈물을 흘리고, 그 감상을 적어 감리교신학교에서 발행하는 『신학세계』 1922년 5월호에 게재하였다. 다니엘서 9장은 바벨론에 포로로 끌려간 선지자 다니엘이 금식하며 조국 유대 나라와 이스라엘 민족의 회복을 위하여 하나님께 간절히 회개하며 기도하는 내용이다. 다니엘은 여기서 이렇게 기도한다.

> 강한 손으로 주님의 백성을 이집트 땅에서 인도하여 내시고, 오늘과 같은 명성을 얻으신 주 우리 하나님, 우리가 죄를 짓고, 악한 일을 저질렀습니다. 주님, 주님께서 지난날에 우리를 구하여 주셨으니, 이제 주님의 성 예루살렘 곧 주님의 거룩한 산으로부터 주님의 분노를 떠나게 해주십시오. 우리의 죄와 우리 조상의 죄악 때문에, 예루살렘과 주님의 백성이 우리 주위에 있는 민족들에게 멸시를 받습니다. 우리의 하나님, 이제 주님의 종의 기도와 간구를 들어 주십시오. 무너진 주님의 성전을 복구하여 주십시오. 성전을 복구하셔서, 주님만이 하나님이시라는 것을 모두가 알게 해 주십시오. 나의 하나님, 귀를 기울이시고 들어 주십시오. 눈을 크게 뜨시고, 우리가 황폐해진 것과 주님의 이름을 빛내던 이 도성의 고통을 굽어보아 주십시오. 우리가 이렇게 주님께 간구하는 것은, 우리가 잘나서가 아니고, 주님께서 자비하시기 때문입니다. 주님, 들어 주십시오. 주님, 용서하여 주십시오. 주님께서 들어 주시고, 이루어 주십시오. 나의 하나님, 만민이 주님께서 하나님이심을 알아야 하니, 지체하지 마십시오. 이 도성과 이 백성이 주님의 것이기 때문입니다.
>
> – 다니엘서 9:15~19

그 시대에 이민족異民族 바벨론의 포로생활을 하던 이스라엘 민족의 처지는 일제강점기에 일제의 식민 지배를 받고 있던 우리 민족의 처지와 너무도 흡사했다. 신석구 목사는 이 글에서 "우리 동포의 상태는 유대인과 같은데 우리들은 과연 우리 죄를 자각하는가? 오늘날 우리 동포의 형편을 논하자면 위급한 생존과 멸망의 때를 당한지라"라고 말하고 있다. 1919년 2월 하순 새벽기도에서 깨달은 것처럼 신석구 목사에게는 하나님께서 우리 민족에게 주신 주권을 지키지 못하고 일제에게 빼앗긴 것 자체가 죄였다. 그리고 찾을 수 있는 기회에 찾으려고 노력하지 않는 것도 죄였다. 그는 이 글을 이렇게 끝맺고 있다.

> 오늘날 하나님께서 당신의 종들을 곤란 중에 그대로 두심이 우리 동포의 환란에 동참하여 맛보게 하심인지 어찌 알리요. 우리는 과연 어떠한 처지에 있는가? 우리는 과연 다니엘과 같이 성심껏 잘못을 스스로 뉘우침이 있는가?
> 오. 하나님이시여!
> 우리의 죄를 용서하시고, 우리의 민족을 구원하여 주시옵소서. 따뜻한 봄날이 다시 돌아와 만물이 소생하는 이치와 같이, 우리 생명을 다시 소생케 하여 주시옵소서. 우리는 다니엘의 의로움과 같지 못하오나, 구주의 의로우신 공로를 의탁하여 구하옵나이다. 아멘.

신석구 목사의 출옥 이후 목회의 기저에는 이러한 우리 민족에 대한 사랑과 '기독교 구국론'이 깔려있었다.

신석구 목사는 이 밖에도 여러 교회에서 부흥회와 특별예배로 초청하여 설교를 하였다. 1922년 1월 31일 서울 자교교회에서 "오인吾人의 죄

신석구 목사 설교(『기독신보』 1926. 8. 25.)

급무最急務"라는 제목으로 설교했고, 2월 3일 서울 종교교회에서 "시대時代의 참 요구要求"라는 제목으로 특별강연을 했다.

    신석구 목사는 1925년 9월 8일 서울 종교교회에서 개최된 남감리회 연회에서 강원도 고성 구역에 파송되었다. 고성 구역은 고성을 중심으로 통천, 고저, 간성을 포괄하는 넓은 산악 지역을 순회하며 목회해야 했으므로 매우 힘들고 열악한 지역이었다. 그곳에서 목회하던 중 이듬해 7월 28일에 연희전문학교에서 열린 장감연합교역자수양회 강사로 초빙되어 "교역자의 필요한 것"이라는 주제로 강연했는데, 그 전문이 1926년 8월 25일자 『기독신보』에 실렸다. 이 수양회에는 장로교 목회자가 170여 명, 감리교 목회자가 30여 명, 총 200여 명이 참석하여 성황을 이루었다.

일경의 감시와 기독신우회 참여

1921년 11월 출옥 후 신석구 목사는 일경의 '요시찰인'으로 지정되어 어디를 가나 경찰의 감시와 제재를 받았다. 그리고 수시로 관할 경찰서에 불려가 행적에 관한 심문을 받았다. 신석구 목사가 춘천읍교회로 파송(1926. 9. 6)을 받아 목회하던 때의 일이다. 하루는 춘천경찰서의 담당 고등계 형사가 신석구 목사를 경찰서로 불러 세세한 행적을 집요하게 물었다. 신석구 목사는 귀찮기도 하고, 빨리 그 상황을 벗어나고 싶어서 적당히 거짓으로 둘러대고 풀려나 집으로 돌아왔다. 그러나 목사로서 거짓말을 했다는 것이 너무나 양심에 가책이 되어 기도도 안 되고, 마음이 불편하여 잠을 이룰 수도 없었다. 그는 그때의 심정을 『신학세계』 1937년 3월호에 게재한 "십자가에 대한 명상"이라는 제목의 글에서 이렇게 회고한다.

대개 사람과 다툰 일이 있으면 하나님과 원만한 관계를 가질 수 없다. 한 번은 내가 부득이한 사정으로 인하여 어떤 사람에게 거짓말을 했다. 그날 밤에 내가 기도하려 할 때에 기도할 수가 없었다. 내 양심이 내게 말하기를 네가 가서 그 사람에게 자복해라 했다. 그 사람은 비기독교인이고, 관청 사람이었다. 나는 부끄러워 자복하지 못했다. 하루가 지나고 이틀이 지나니 내 기도가 막혔다. 그래서 그 사람을 찾아가 자복하고 비로소 평안을 얻었다.

신석구 목사는 3일째 되던 날 그 고등계 형사를 찾아가 지난번의 진술이 거짓이었다고 자백했다. 그러자 그 형사는 오히려 신석구 목사의 솔직함에 감동하여 머리를 숙이며 이렇게 말했다.

"아, 그 정도는 아무 것도 아닙니다. 당신은 과연 목사님이십니다. 고등계 형사 10여 년에 목사님 같은 분은 처음 만나 뵈었습니다."

그 후 그 형사의 배려로 춘천에서 목회하는 동안은 감시와 제재가 완화되었다.

춘천에서 목회하는 동안에도 장로교회인 서울 승동교회 부흥회(1926. 10. 20~26)를 인도한다든가, 서울 중앙전도관 전도 집회(1927. 7)를 인도하고, 1927년 9월 11일 주일에는 조선중앙기독교청년회YMCA에서 "생의 기초"라는 제목으로 설교했다.

이 무렵 신석구 목사는 거의 1년 단위로 임지가 바뀌었다. 그에게 문제가 있어서가 아니라 그만큼 그를 필요로 하는 곳이 많았기 때문이었을 것이다. 1927년 9월 13일 서울 종교교회에서 개최된 남감리회 연회에서 가평구역으로 파송을 받았고, 그 1년 후인 1928년 9월 9일 원산 상리교회에서 개최된 연회에서는 서울지방 '부흥과 보성(保成) 사업' 담당

기독신우회선언(『기독신보』 1929. 6. 12.)

으로 파송되었다. 이 직임은 맡은 지방의 교회를 순회하며 부흥회와 사경회를 인도하고, 남감리교회에서 불신자를 전도하기 위해 예수교서회의 건물을 빌려서 설치한 중앙전도관에서 매일 저녁 전도집회를 인도하는 것이었다. 아무튼 신석구 목사로서는 3·1운동 참여로 서울을 떠난 후 처음으로 서울에서 목회를 하게 된 것이다.

신석구 목사가 서울에서 목회하는 동안 중요한 일은 1929년 5월 31일 인사동 중앙예배당에서 창립총회를 갖고 출범한 기독신우회의 발기인으로 참여한 것이다. 기독신우회는 일반사회의 좌우합작운동인 신간회운동과 1928년 예루살렘 국제선교대회의 영향을 받아, 수양동우회 계열의 조병옥, 정인과, 이대위, 이용설 등과 흥업구락부 계열의 전필순, 정춘수, 오화영, 기타 이승훈, 조만식 등 기독교계 민족주의적 지도자들이 연합하여 사회구원과 기독교인의 현실참여를 촉구하기 위한 진보적 단체였다. 창립 때 기독신우회 발기인 일동의 명의로 발표한 '기독신우회 선언'에서는 이렇게 선언하고 있다.

> 전 세계 기독교도의 당면한 문제는 기독교의 신앙상 동력을 사회 세력으로 화化하여 이것을 인간 생활 전체의 문제의 해결에 제공함에 있다. 정적靜的 기독교로부터 동적動的 기독교로 옮기어 생명 있는 기독주의운동의 전진을 촉진함에 있다. …… 우리는 속죄구령贖罪救靈을 고조하는 동시에 그리스도의 사회복음주의를 중흥시키려 한다. 우리는 이 고통과 죄악으로 포위된 생生을 다른 세계로 옮겨가려 함보다도 자유 평화 진리의 천국을 인간 사회에 임하게 하여 거기서 우리 인격의 진선미眞善美를 완성코자 한다. 무한한 사랑과 힘의 원천이 되는 하나님으로 더불어 교섭한 영감의 동력을 우리 개인의 경험 안에 사장死藏하지 않고, 그 세력을 단결운전하여 인격의 발휘에 장애가 되는 사회의 죄악을 제거코자 한다.
>
> ―『기독신보』1929. 6. 12

신석구 목사 정치범 카드(1929)

창립회의에서 발표한 이 회의 목적과 임원은 다음과 같다.

- 목적: 조선 그리스도 신자를 규합하여 그리스도 정신의 함양과 그리스도주의의 실천으로 죄악의 사회를 제거하고, 진리의 세계를 건설함으로 목적함.
- 이사(7인): 조병옥, 정인과, 김인영, 이용설, 전필순, 이대위, 이시웅
- 평의원(8인): 이승훈, 백남훈, 조만식, 오화영, 정춘수, 배덕영, 장이욱, 황치헌

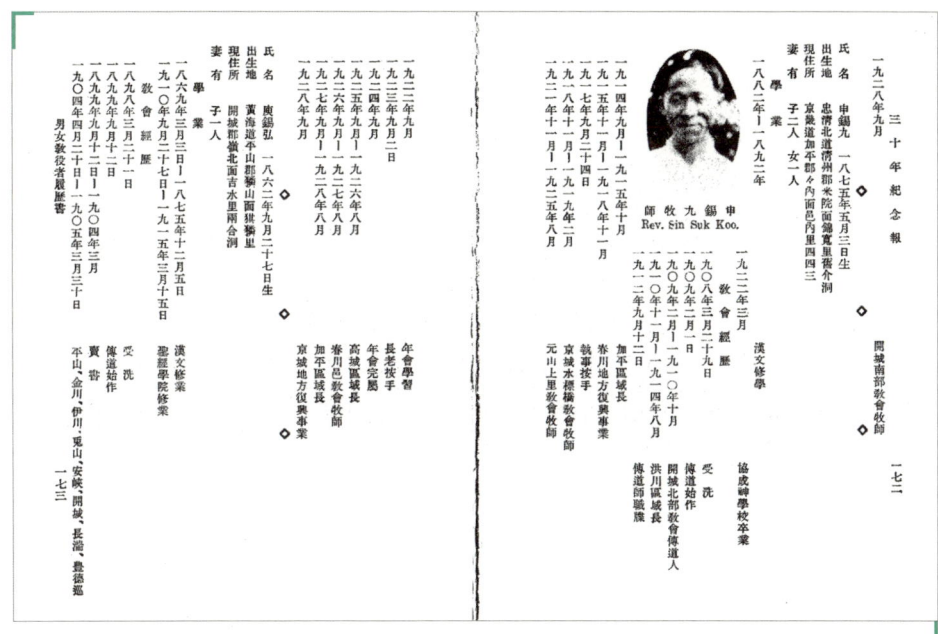

신석구 목사 약력(『조선남감리교회30년기념보』, 1930)

신석구 목사는 비록 발기인으로 참여한 것에 불과하지만, 그가 이 회에 참여한 것은 이 회의 발기인과 임원으로 3·1 독립선언 서명 동지들도 많이 참여하였을 뿐만 아니라, 무엇보다도 이 회의 목적이 그가 추구하고 있던 '기독교 구국론'에 부합하였기 때문이었을 것이다.

그는 또 다시 서울 목회 1년만인 1929년 9월 9일 서울 종교교회에서 개최된 연회에서 철원읍교회로 파송되었다. 일제 경찰의 감시는 그곳에도 따라왔다. 그가 철원읍교회에 부임한 그 해 12월 10일 그의 '전과자 카드'에 부착하기 위해 사진을 찍어야 했다. 이 카드에는 '제1893호'라

기독교조선감리회 제1회 총회 기념(1930. 12. 2.)

는 일련번호가 주어지고, 본적, 주소, 성명, 생년월일, 사상 계통, 전과 개략, 촬영일 등을 적고 그 사진이 부착되어 있다. 사상은 민족주의, 전과 개략에는 1920년 10월 보안법 위반으로 징역 2년형을 받은 것이 기록되어 있다. 이러한 집요한 일제 경찰의 감시에도 불구하고, 철원에서의 목회는 성공적이었다. 부임한 지 1년 만에 교인이 배 이상 증가하고 부흥이 계속된 전망이 밝았던 것이다. 그러나 1930년 9월 30일 종교교회에서 열린 연회에서 황해도 한포구역으로 파송을 받았다. 그러자 철원읍교회 교인 80여 명이 "이런 좋은 목사를 보낼 수 없다" 하여 연서하여 연회장이던 양주삼 목사와 철원지방 장로사이던 정춘수 목사에게 청원하여, 그것이 『동아일보』 1930년 10월 12일자에 "목사유임운동"이라는 제목으로 보도되기도 했다. 그렇다고 파송이 취소될 수는 없었다. 신석구 목사는 한포 구역에 파송되어 목회하면서 그해 12월 2일 한국에 선교하던 남북감리교회가 합동하여 기독교조선감리회를 창립하는 총회에 남감리교회 교역자 대표의 한 사람으로 참석했다.

신사참배 거부 항쟁

일제의 대륙침략 재개와 신사참배 강요

일제 관동군은 만주일대를 점령하기 위하여 1931년 9월 18일 봉천 교외 유조호(柳條湖)의 만철노선을 폭파하고 그 책임을 중국군에 돌림으로써 침략을 재개했다. 일본 정부는 그 이튿날인 19일 각의에서 이 사건의 불확대 방침을 결의했음에도 불구하고 관동군은 21일 길림으로 진격하여 결국 만주 일대를 점령했다. 일본 육군의 만주 점령에 자극을 받은 일본 해군도 1932년 1월 중국 상해를 침공하고 같은 해 2월에는 관동군이 하얼빈을 점령했다. 이에 대하여 국제연맹에서는 리튼 조사단을 파송하였으나, 이미 만주를 장악한 일제는 같은 해 3월 1일 그 지역에 괴뢰국인 '만주국'을 세워 청나라의 마지막 황제였던 부의(溥儀)를 만주국 황제로 앉히고 중국동북 전 지역을 그 세력권으로 편입하였다. 리튼 조사단의 현지 조사 보고를 받은 국제연맹은 특별총회에서 '일본군 만주철퇴 권고안'을 가결하여 일본에 통보하고, 일본의 침략에 대한 국제적인 비난이 일자, 일본은 1933년 3월 27일 성명을 발표하여 국제연맹에서 탈퇴하였다. 이제 다른 나라의 눈치를 보지 않고 대륙침략의 길을 걷겠다는 것이었다.

대륙침략을 재개한 이후 일본 국내에서는 군부의 발언권이 점차 강화되고, 군부를 중심으로 한 천황제 파시즘 체제가 확립되었다. 이와 함께 군부와 전시 특수를 노리는 재벌의 유착관계도 심화되었다. 관동군은 만주 점령에 이어 중국 화북 5성(河北, 山東, 山西, 察哈爾, 綏遠)을 제2의 만주국으로 삼으려는 목적으로 화북분리공작을 추진했다. 1936년 1월 참모부는 화북의 자치공작을 추진하기 위해 「북지처리요강北支處理要綱」을 '지나支那' 주둔군 사령관에게 지시했다. 그러나 이러한 일본 육군의 화북분리공작은 중국의 항일운동을 격화시켰다. 더욱이 1936년 2월 황도파 장교들이 일으킨 2·26쿠데타 사건은 비록 실패하기는 했지만, 같은 해 5월부터 군부대신軍部大臣 현역 무관제가 부활하고 일본의 군국주의적 경향이 한층 강화되어 군부가 정권을 장악하는 계기가 되었다.

일제가 1930년대부터 침략전쟁의 수행을 위하여 식민지 조선을 대륙침략을 위한 병참기지로 개편하고 인력과 물자의 수탈·동원체제를 구축하였다. 그리고 이러한 수탈을 극대화하기 위하여 조선인의 일상생활은 물론 정신신앙생활까지도 지배·통제하려 하였다. 일제는 식민통치 초기부터 우리 민족의 특성을 말살하여 일본에 동화시키려는 정책을 강력히 추진하였다. 즉 경찰과 군사력에 의한 폭력적 억압만으로는 식민지 지배의 안정을 얻기 어려웠기 때문에 식민지 민족의 정신까지 파고들어 민족으로서의 독자성을 말살하고 일본화시킴으로써 식민통치의 영구적 안정을 도모하며 수탈을 극대화하고자 했던 것이다. 이러한 민족말살적 '동화정책同化政策'은 일제 식민통치의 기본방침이었으며, 대륙침략을 재개하면서 이를 한층 강화시킨 것이 이른바 '황국신민화정책皇國臣民化政策'이었다. 그리고 이것을 뒷받침하기 위한 이념이 '내선일체內鮮一體'였다. 일제는 조선인에게 민족말살적 '황민화'를 강요하고 적극적인 전쟁 협력을 강요하면서, 일본과 조선은 하나라는 내선일체 논리를 폈다. 이 논리에 의하면 '한국 민족은 일본 민족과 운명을 같이 하는 일본민족의 일부이며, 소위 흥아적興亞的 민족해방의 대상이 아니라, 일본 민족과 함께 아시아 제 민족을 서구제국주의의 압제로부터 해방시켜야 할 주체'라는 것이었다. 그리하여 자신들의 침략전쟁을 '대동아공영권 건설'이니 '구미 제국주의로부터 아시아 해방'이니 '흥아적 민족해방전쟁'이니 '성전聖戰' 등으로 미화하여 아시아 지역의 민족해방문제와 한국에 대한 일제의 식민지배 사이의 모순성을 은폐시켰다.

조선인에 대한 '황국신민화운동'은 우가키[宇垣一成] 총독 시대의 '심전개발운동'과 '국체명징운동'의 확대·강화였다. 심전개발운동은 '정신교화精神教化' 정책 내지 식민지 이데올로기 정책의 일환으로서 종교적 신앙심을 이용하여 식민통치 이데올로기의 확산과 정착을 꾀한 운동이었다.

1931년 9월 관동군이 중심이 되어 이른바 '만주사변'을 일으켜 대륙침략을 재개한 일제는 물심양면에서 이를 뒷받침하기 위하여 신사에서 각종 행사를 개최하고 여기에서 신도의식 내지 신사참배를 다시 강요하였다. 이 무렵 일본 국내에서도 기독교계 사립학교에 배치된 군사교관들이 학생들과 교사들에게 신사참배를 강요하여 문제를 일으켰다. 더욱이 1935년도 초부터 일본 국내에서는 군부 황도주의자들이 미노베[美濃部達吉]의 천황기관설天皇機關說마저 국체에 위배된다고 공격을 하여 정죄하고, 이른바 '국체명징國體明徵' 운동을 일으켰다. 조선총독부에서도 이에 호응하여 '심전개발心田開發' 운동과 함께 '국체명징'을 부르짖고 '신사참배神社參拜'와 '경신사상敬神思想'을 강조하였다. 1935년 초부터 조선총독부의 '정신교화' 운동은 '심전개발' 운동으로 더욱 심화되었다.

총독부는 이러한 '신사참배 강요' 및 일반 종교계에 대한 탄압과 함께 신사의 설립과 신사신앙을 적극 장려하였다. 1933년 총독부 내무국장은 "신사神祠 창립에 관한 건"과 "신사神祠 부동산 등기에 관한 건"이라는 통첩을 각도에 보내 신사의 설립을 행정적으로 지원하게 하고, 같은 해 9월 "토지수용령" 제2조의 "토지를 수용 또는 사용할 수 있는 사업"의 제2항을 "신사神社, 신사神祠 또는 관공서의 건설에 관한 사업"으로 개정하여 "신사神社, 신사神祠"를 지을 때도 토지를 강제로 수용할 수 있도록 하였다. 1935년 4월 우가키 총독은 각 도지사와 관공사립학교장들에게 훈령을 보냈다.

"지금 내외의 정세를 생각하건대 현재刻下의 급무急務는 일본정신日本精神을 작흥作興하고 국민적 교양의 완성을 기하여 …… 존엄한 국체國體의 본의本義를 명징明徵하고 이를 기초로 교육의 쇄신과 진작을 도모"하는 것이니 힘써 그 임무를 달성하라."

이어 5월에는 정무총감도 각 도지사에게 "학교에서 경신숭조敬神崇祖

의 염念 함양涵養 시설施設에 관한 건"이라는 통첩을 하여 학교교육에서 "경신숭조"라는 신도神道 내지 '천황제' 이데올로기의 주입을 위한 가미다나[神棚]의 설치를 독려하였다. 그리고 같은 해 9월에도 총독부 학무국장이 각 도의 도지사에게 "학교직원의 경신사상敬神思想 철저에 관한 건"이라는 통첩을 내려 보내 학교직원들이 이 운동에 적극적으로 참여하고 앞장서도록 독려하였다. 이에 따라 각시에 신시神社・신사神祠의 설립이 급격히 증가하고, 신사를 중심으로 한 행사나 참배자수도 해마다 급증하였다.

조선총독부는 이러한 신사숭경을 제도적으로 뒷받침하기 위하여 1936년 8월 1일 '천황'의 칙령으로 조선신사제도를 전면 개정하였다. 그리하여 모든 신사神社・신사神祠가 사격社格에 따라 도부읍면道府邑面으로부터 신찬폐백료공진神饌幣帛料供進을 받을 수 있도록 하고, 일부 신사에 대해서는 사격을 높여 신사의 관공립적 성격을 더욱 강화하였으며, '1면 1신사 정책'을 추진하여 전국 각지에 신사의 건립을 장려하였던 것이다. 뿐만 아니라 파출소, 주재소 등 관공서나 학교에 신궁대마神宮大麻를 넣어두는 간이 신사라고 할 수 있는 가미다나를 설치하게 하더니, 마침내 관할 행정 기구들을 통하여 일반 민가에까지 신궁대마를 강매하고, 가미다나를 설치하여 아침마다 거기에 참배하도록 하였다.

이러한 신사참배 강요에 반발하여 1937년부터는 앞에서 언급한 대로 기독교계 학교들이 자발적으로 문을 닫거나 일제에 의해 폐교되기 시작하였다. 그러자 일제는 1937년 7월 중일전쟁을 전후하여 일반 민중은 물론 기독교인들과 교회에까지 신사참배, 동방요배의 강요와 황국신민서사 낭독, 가미다나 설치를 강제하였다. 1938년 9월 제27회 장로회 총회의 신사참배 결의 직후에 발표한 평남경찰부장 세토[瀨戶道一]의 담화는 일제가 경찰력을 동원하여 기독교인들에게 신사참배를 강요하여 온 그동안의 경과를 잘 보여준다.

중일전쟁 직후인 1937년 가을부터 관할 각 경찰서를 동원하여 기독교인들을 설득해 왔고, 1938년 봄부터 신사참배 문제의 해결을 위해 경찰주력을 기울인 결과 8월 26일 평안남도 전체가 신사참배를 긍정하게 되었다는 것이다. 더욱이 1938년 9월 장로회 총회가 신사참배를 결의한 것은 총독부의 지도하에 각도에서 일제히 전개된 노력의 결과로써 총회 개최지였던 평안남도의 '고심과 노력'을 토로하고 있다. 다시 말하면 일제 경찰력에 의한 신사참배 강요를 그들 스스로가 인정하고 있는 것이다.

일제는 일본 본토에 있는 야스쿠니 신사의 각종 행사 날에도 한국에서 이에 상응하는 행사를 하도록 하였다. 그 일례로 1938년 4월 18일과 같은 해 10월 8일에는 오노[大野綠一郎] 정무총감이 "야스쿠니 신사靖國神社 임시 대제 때 전 국민 묵도 및 전몰장병 위령제 집행에 관한 건"이라는 통첩을 내어 전국적으로 이를 실시하게 하고 있다. 이러한 신사참배에 대한 위협과 강요는 기독교인들의 모임에 총독이 직접 참여하여 한 연설에서도 드러난다. 전시체제와 함께 '황민화정책'을 강력히 추진하였던 미나미[南次郞] 총독은 1938년 10월 7일 "제3회 기독교조선감리회 총회"와 1938년 10월 17일 "시국대응 기독교장로회 대회"에 참석하여 위협적인 연설을 하였다.

이러한 총독의 강경한 태도는 하부 행정 기구로 갈수록 더욱 강화되고 구체화되어 나타난다. 1940년 10월 당시 총독부 고등법원 검사장이던 마스나가 쇼이치[增永正一]가 사법관 회의를 주재하면서 한 '훈시'는 그들이 어떤 시각에서 종교단체들을 보고 있으며, 이들에 대해서 어떤 탄압정책을 마련하고 있었는지를 잘 보여준다.

이렇게 1940년부터는 일제 검찰의 지휘로 본격적으로 신사침배 기부 항쟁자들을 전국적으로 잡아들여 투옥하고 고문하여, 조용학 영수, 주기철 목사를 비롯한 50여 명의 순교자가 나오게 되었다. 그들의 이러한 전국적 규모의 신사참배 거부 항쟁자들에 대한 탄압과 만행은 그들이 일본 본국 제국의회에 보고하기 위해 마련한 "조선 예수교도의 불온 계획 사건"이라는 기밀자료에서도 잘 드러나고 있다.

이 자료는 일제가 1940년 4월부터 신사참배 거부 항쟁자들의 본격적인 검거에 착수하였으며, 이들을 "철저히 탄압·삼제芟除"하기 위해서 고등법원 검사장의 지휘 아래 1940년 9월 20일 전국에 걸쳐 일제 검거를 실시하여, 그 지도자들을 재판에 회부하였던 사실을 보여주고 있다.

일제는 공교회마저 그들의 신사참배 강요에 굴복한 1938년 이후에는 지원병제·징용제·징병제를 차례로 실시하여 한국의 젊은이들을 그들의 침략 전쟁터로 내몰았다. 그러면서, 그들에게는 물론 자국인들에게까지 전쟁터에 나가는 병사들에게 "죽으면 '신神'으로서 야스쿠니 신사에 봉재 된다고 믿게 하고, 유족에게는 야스쿠니 신사에 가면 아버지나 아들이나 남편을 대면할 수 있다고 믿게 하려는 선전을 대대적으로 벌였다." 이것은 야스쿠니 신사가 단순히 "전몰자 및 국사에 죽은 자"

에 대한 국가적인 의례가 아니라, 국민을 안심하고 전장에 나가게 하며 '국가를 위하여' 생명을 버리게 하기 위한 '군국주의적 국가종교의 역할'을 하게 했던 것을 잘 말해 준다. 일제가 한국인의 민족정신을 말살하여 '천황제' 이데올로기를 주입하고, 한국인을 그들의 침략전쟁 협력에 내몰기 위해 한국에 세운 신사의 수는 1945년 6월 현재로 군 단위 이상에 세운 신사神社가 70개소, 면단위에 세운 신사神祠가 1,062개소로 도합 1,141개소에 이른다. 물론 부여신궁을 비롯한 짓는 도중에 해방을 맞은 신사들은 이 숫자에 들어있지 않다.

감리사와 부흥사로

일제가 대륙침략을 재개하고 신사참배를 강요하던 1930년대에 신석구 목사는 감리교의 한 지방을 책임지는 감리사로서 활동하였다. 그리고 그가 소속된 감리교회에서는 일제의 신사참배 강요에 공식적으로 순응하였지만, 그는 이를 거부하여 수난을 겪었다.

1930년 12월 한국에 선교하던 남북감리회가 합동하여 기독교조선감리회 총회를 구성한 후 첫 연회가 이듬해인 1931년 6월 10일부터 19일까지 개성 북부교회에서 열렸다. 중부·동부·서부 연합연회로 모인 것이다. 신석구 목사는 이 연회에서 강원도 이천구역으로 파송되고, 이안지방 감리사도 겸하게 되었다. 이천구역에는 강원도 이천군의 이천읍교회, 학봉리교회, 은행리교회가 있었고, 이안지방은 이천구역, 이천남구역, 이천북구역, 안협구역을 관할하는 지방으로 지역적으로는 강원도

강원도 이천읍 교회

이천군을 중심으로 강원도 평강군과 황해도 신계군, 함경남도 덕원군을 포괄하는 지역이었다. 1931년 당시 이안지방의 교세는 15개 교회, 전체 교인 수 916명으로 전국 23개 지방 중 가장 교세가 뒤처진 지방이었다.

물론 감리사로서의 목회도 '기독교 구국론'에 기초한 것이었다. 신석구 목사는 1932년 신년을 맞으면서 에베소서 4장 22~24절을 본문으로 한 "송구영신送舊迎新의 감感"이라는 설교문을 교계연합신문인 『기독신보』 1932년 1월 20일자에 실었다. 이 설교는 이렇게 시작된다.

요즈음 교회가 점점 쇠퇴해 간다는 소리가 점점 깊어져서 다만 교회 내부에서만 부르짖을 뿐 아니라 바깥 사회에서까지 비난을 듣는 바가 종종 있음을 면치 못하므로 누구나 뜻 있는 이는 심력을 다 하여 어찌 하면 이 교회를 진흥하여 새로운 교회를 만들까 하는 것이 진실로 이 때를 당한 가장 급한 문제라 하겠습니다. 그러면 이에 대하여 혹 새로운 방책도 연구하고 혹 제도도 변경하여야 하겠지요만은, 나는 생각에 먼저 사람이 새사람 되지 못하면 아무 방책이나 제도가 다 무익無益하리라 합니다.

지난날에 우리나라 정치가 극도로 퇴패하므로 갑오년(1894)을 당하여 모든 제도를 변경하고 이름을 갑오경장甲午更張이라 하였으나 사람들이 모두 그 전 사람인 까닭에 국정이 날로 쇠퇴하여 마침내 나라를 아주 빼앗기게 된 것이 올시다.

그러므로 교회가 새 교회가 되려면 먼저 사람이 새 사람이 되어야 한다 합니다. 이제 이 성경 본문을 보건대 옛 사람을 벗어버리고 새 사람을 입으라 하였으니 옛 사람을 벗어버리지 아니하고는 새 사람을 입지 못할 것이외다. 그러므로 옛 사람과 새 사람을 들어 말씀하려 합니다.

그리고 이어서 옛사람과 새사람을 설명한 다음, 교회와 민족과 나라를 위한 기도로 끝맺고 있다.

이제 하나님 앞에 엎드려 비옵는 바는 '이 새로 만난 1932년에는 하나님께서 성신의 불을 온 조선 안에 있는 모든 신자의 마음에 내리사, 새로운 사람을 이루어 주심으로, 온 교회가 새로운 교회가 되고, 따라서 이 백성이 새로운 백성이 되고, 이 나라가 새로운 나라가 되기를, 오, 주여! 속히 이루어 주시옵소서.

하나님의 뜻에 합당한 '새로운 교회', '새로운 백성', '새로운 나라'가 신석구 목사의 간절한 소원이었다. 감리사를 맡은 후 첫 연회인 1932년 3월 서울 정동교회에서 열린 3부 연합연회에 참석하여 다음과 같은 감리사 보고를 하고 있다.

하나님께서 이 무재무능無才無能한 것을 버리지 아니하심으로 작년 연회에서 무거운 직임을 받아 실로 황송함을 마지아니하는 중, 파송 받은 후로 여러 달 동안 종기로 인하여 직무를 성실히 못하옴은 더욱 미안하옵나이다. 그러하오나 주님의 도우심과 여러분 남녀 동역자의 열심 협력하심으로 교회 정황은 재미가 있사옴을 감사하옵나이다. 자세한 숫자는 통계표에 있으므로 대강만 말씀하옵나이다.

본 지방은 이천, 이천남, 이천북, 안협 4구역으로 조직된 가장 작은 지방이오나, 지형으로 말하면 서로 황해도와 북으로 함경남도와 중앙은 강원도의 3도를 연합하여 가장 큰 지방이라고도 하겠사오며, 높은 산과 긴 강이 둘러싸고 있어 교통이 불편하므로 발전상에 장애가 없지 아니한 반면에, 인심이 순후淳厚하여 복음을 전하기에 가장 아름다운 점도 많습니다. 교회정황으로 말하면 이천구역 혹은 이천읍과 작년에 이천남 구역에 속하였던 은행정과 학봉리 두 교회와 연합하여 조직하였는데 은행정은 거의 폐지될 지경에 이르렀더니 몇몇 청년의 열심히 폐지되었던 서당도 스스로의 힘으로 다시 시작하고 새 신자도 몇 사람 있어서 전보다 희망이 있삽고…….

대체로 어려운 환경 속에서도 희망적인 보고를 하고 있다.

신석구 목사는 이안지방 감리사로서 교역자들의 수련을 위하여 타 지역 강사들을 초빙하여 교역자 수양회를 열기도 하고, 자신이 직접 강사로 나서 부흥회와 사경회를 인도하기도 했다. 1933년 10월 24~27일 이천읍교회에서 이안지방 교역자 수양회를 개최하였는데 강사로는 이윤영 목사, 유백희 목사, 임브리Imbrie 선교사를 초빙하였다. 1934년 2월 16~20일에는 안협읍교회에서 부흥사경회를 인도하고, 이어서 21~25일 안협 구역 하수회리교회 부흥사경회를 인도하였다. 같은 해 11월 21~30일에도 지하리교회에서 이안지방회에 이어 이안지방 선교 50주년 기념 부흥사경회를 개최하고, 12월 14~20일 가여주교회에서 창립50주년 기념전도대회를 인도하였다. 이러한 그 지방 부흥 사경회뿐만 아니라 다른 지방의 초청을 받아 인도하는 경우도 있었는데 1935년 초 한포교회에서 개최된 평산지방 사경회가 그 대표적인 것이다. 그 지방 감리사 이석원 목사는 그해 연회 감리사 보고에서 "이안지방 감리사 신석구 씨의 실천적이며 영적 경험의 신령한 설교는 시간마다 모두에게 깊은 감동과 은혜를 주었다"고 보고했다.

신석구 목사는 1935년 4월 25일부터 5월 1일까지 서울 정동제일교회에서 개최된 3부 연합연회에서 천안구역 담임 겸 천안지방 감리사로 파송을 받았다. 그가 담임한 천안구역에는 천안읍교회와 천흥교회가 있었고, 감리사로서 관할하는 구역은 담임한 천안 구역을 비롯하여 진천 구역, 음성 구역, 성환 구역, 둔포 구역, 아산 구역, 조치원 구역으로, 지역적으로는 천안을 중심으로 충남의 아산, 온양, 연기, 충북의 음성, 진

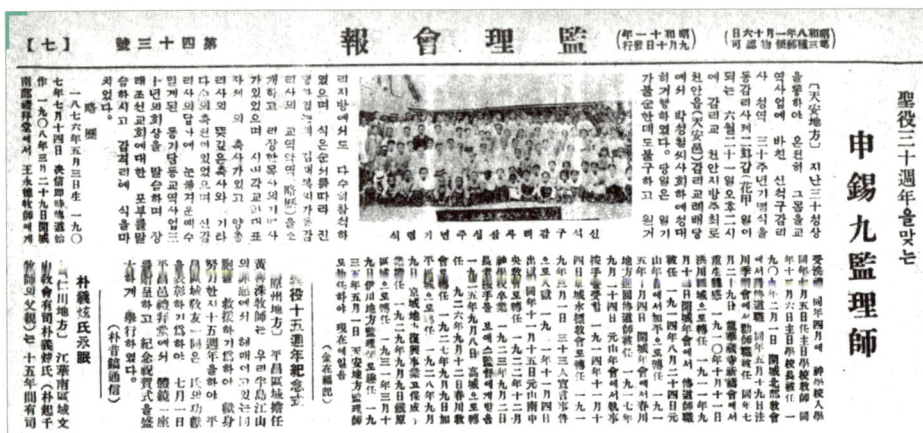

신석구 목사 성역 30주년 기념식 기사(『감리회보』 1936. 9. 10.)

천, 경기도의 진위 지역을 포괄하는 넓은 지역이었다. 그는 담임으로서 천안읍교회와 천흥교회를 목회하고, 감리사로서 천안지방 내 25개 교회를 순회하며 지도하였다. 이에 대한 감사로 천안지방회에서는 천안읍교회에서 1936년 6월 21일 신석구 목사 61회 생일과 교회 일을 시작한 지 30주년을 기념하는 '신석구 감리사 성역 30주년 기념식'을 거행해 주었다.

감리교 총리원 이사회에서도 1938년 10월 1일 '20년 이상 시무 교역자'를 조사하여 표창장과 은메달을 기념품으로 주었는데, 신석구 목사도 표창자 중에 포함되어 있었음은 물론이다.

신사참배 거부로 2개월 구류

조선감리교회는 일찍부터 조선총독부의 해명을 받아들여 일제의 신사참배 강요에 순응하고 있었다. 1935년 11월 매큔George S. McCune을 비롯한 평양기독교계 사립학교장 신사참배 거부 사건을 계기로 조선총독부는 신사참배에 대한 강경책을 쓰게 되었다. 이듬해 1월 기독교의 교리와 양심에 따라 자신도 신사참배를 할 수 없을 뿐만 아니라 자신이 할 수 없는 것을 학생들에게 시킬 수 없다고 거절한 숭실전문학교 교장과 숭실중학교 교장

양주삼 총리사

을 겸하고 있던 매큔은 교장 직에서 파면(교장 인가 취소)되었다. 조선총독부 학무국은 이 무렵 와타나베 학무국장의 명의로 각 도지사에게 "신사와 종교에 관한 건"이라는 통첩을 보내 학생들의 신사참배와 신궁대마 봉재를 독려하였다. 뿐만 아니라 1936년 1월 29일에는 윤치호, 양주삼 목사를 비롯한 감리교와 장로교의 유력자들을 학무국에 초청하여 신사참배를 설득하고, 협조를 당부하였다. 그 요지는 "신사참배는 종교적인 것이 아니라 정부의 행사이다. 그것은 예배 행위가 아니라 조상에게 공경을 표하는 것이다. 교육제도는 지식을 가르치는 것과 함께 충량한 신민臣民으로 훈련시키는 목적을 가지고 있다. 그러므로 학교 선생들과 학생들은 신사에 참배해야 한다. 다른 사람들의 참배는 자발적인 행위이며 강요받은 것은 아니다"는 것이었다. 이어서 학무국장은 1936년

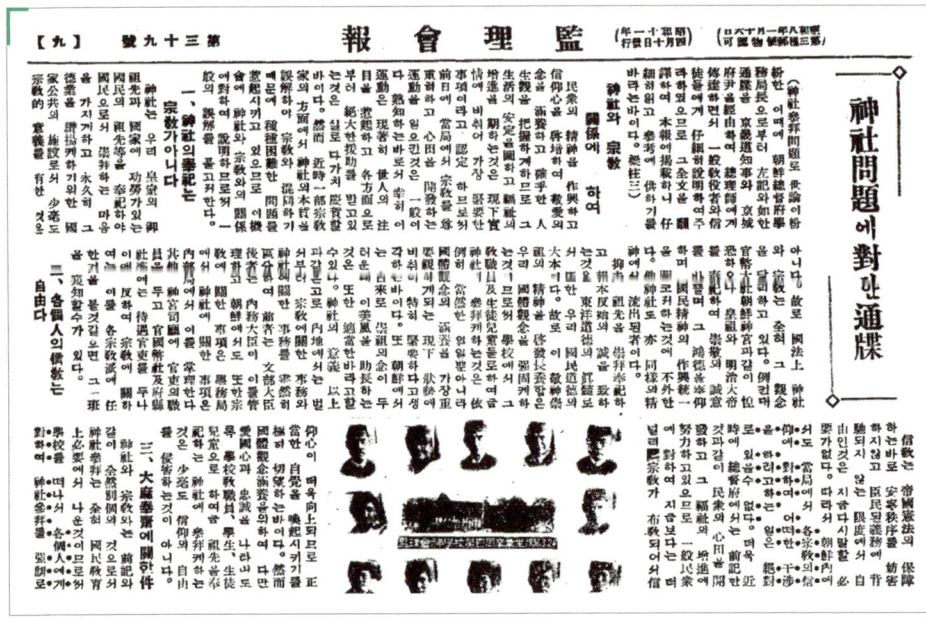

신사문제에 대한 통첩(『감리회보』 1936. 4. 10.)

2월 21일자로 각 도지사에게 "신사와 종교에 관한 건"이라는 통첩을 보내 각 도에서 관할하는 기독교 포교관리자 및 대표자를 통하여 일반 교역자와 교인들에게 그 취지를 철저히 주지시키도록 지시하였다.

조선감리교회의 총리사였던 양주삼 목사는 이를 수용하여 1936년 4월 10일자 『감리회보』에 "신사문제에 대한 통첩"을 실었다. 그러나 감리교 목회자나 신자 가운데서도 신사참배를 거부하는 사람들이 있었다. 그러자 1938년 9월에도 다음과 같은 성명서를 발표하였다.

몇 년 전에 총독부 학무국에서 신사참배에 대하여 통첩한 바를 인쇄 배부

한 일이 있거니와, 신사참배는 국민이 반드시 받들어 행해야 할 국민의식이오, 종교가 아니라고 한 것을 잘 인식하셨을 줄 압니다. 그런고로 어떤 종교를 신봉하든지 신사참배가 교리에 위반이나 구애됨이 추호도 없는 것을 확실히 알 수 있습니다.

신사참배는 감리교의 교리에 위배되지 않으니 거부하지 말라는 것이었다. 신석구 목사는 이러한 감리교의 입장을 잘 알고 있었지만, 일제의 신사참배 강요는 그의 신앙 양심으로 보나 그의 민족의식에서 보나 도저히 순응을 할 수 없는 것이었다. 그는 자신이 신사참배를 하지 않을 뿐 아니라 교인들에게도 그렇게 가르치고 설교하였다. 이런 신석구 목사를 1938년 2월 "기독교에 대한 지도 대책"까지 세워 교회와 교인들에게까지 신사참배를 강요하던 일제 경찰이 가만둘 리 없었다. 1938년 초부터 천안경찰서장이 직접 그를 찾아와 신사참배를 수용할 것을 요구하였다. 그래도 신석구 목사가 응하지 않자 그해 봄부터는 경찰서로 호출하여 조사를 하고, 설교 중에 연행되기도 하였다. 그러다가 마침내 1938년 7월 흥업구락부 사건과 신사참배 문제로 천안경찰서에 연행되어 2개월 동안 유치장 생활을 하였다. 다행인지 불행인지 경찰서에 갇혀 있는 동안 등에 악성 종기가 나서 2개월 만에 병보석으로 풀려나기는 했지만 그 후 일제 경찰의 감시와 방해는 더욱 심해졌다. 그래도 그곳에서 감리사 임기 4년을 채우고 이임을 앞두게 되자, 1939년 3월 8일 천안지방회는 천안읍교회에서 신석구 감리사 사은회를 개최해 주었다. 같은 해 5월 3일부터 10일까지 서울 정동제일교회에서 열린 3부 연합연회에서 그는 천안지방 감리사로서 마지막 보고를 하였다.

본 지방은 감리교회 중 제일 연약한 지방이오나 하나님의 축복하시는 아래서 두 분 남녀 선교사의 힘써 도우심과 각 구역 남녀 동역자들이 충성으로 협력하심을 힘입어 차차 진보 중에 있습니다.

신석구 목사는 이 연회에서 서부연회 진남포지방 신유리 구역 담임으로 파송 받았다. 신유리 구역은 평남 용강군 양곡면 신유리교회와 문애리교회로 이루어져 있었다.

변질된 교회를 바로잡고자

감리교회의 변질

감리교회는 신사참배 문제에서 장로교회보다 먼저 일제에 '순응'하였다. 물론 감리교인 가운데서도 신석구 목사와 같이 개인적으로 신사참배에 반대했던 사람들이 없었던 것은 아니나, 1930년에 남북감리교회가 통합하여 조직한 조선감리교회의 수장이었던 양주삼 총리사가 "신사참배는 종교가 아니다"라는 총독부의 설득을 문자 그대로 수용하여 1936년 4월 10일자 『감리회보』에 "신사문제에 대한 통첩"을 게재함으로써 감리교회에서는 신사참배를 문제 삼지 않았다. 따라서 총독부와의 관계도 원만한 편이었다.

그러나 1937년 중일전쟁이 일어나고, 총독부가 전시체제로 개편을 꾀하면서 기독교에 대해서도 협력을 강요하고 압박을 해왔기 때문에 불

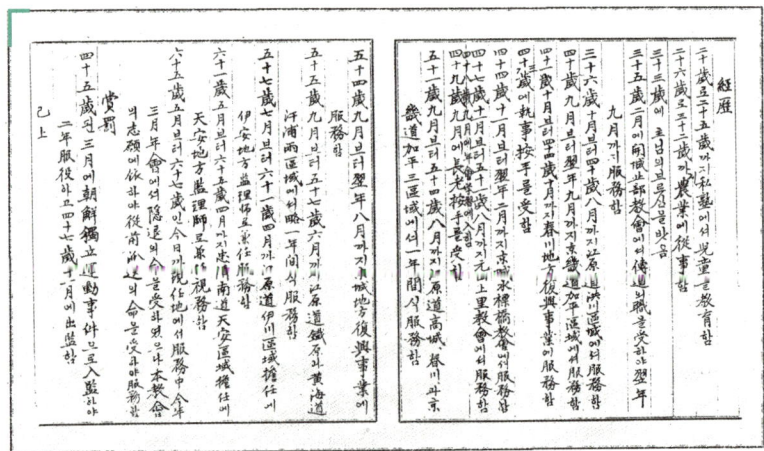

신석구 목사 자필 이력서(1942)

일본기독교조선감리교단 목사안수 기념(1944. 3. 26.)

안을 느끼지 않을 수 없었다. 이러한 불안은 양주삼 총리사가 1937년 11월 18일부터 2주간 일본교회를 방문 시찰하고 돌아오면서 더욱 커졌다. 이 때 그는 일본기독교연맹을 방문했는데 이때 벌써 일본교회는 "「국민정신총동원」이라는 제목하에 「전도보국」"을 하자고 대대적으로 활동하고 있는 것을 보고 왔기 때문이다. 그는 일제가 교회에 대해서도 압력을 가해오는 것을 보고 조선의 교회가 살아남는 길은 일본교회와 손잡고 일본교회와 같이 되는 것이라고 생각했던 것 같다.

양주삼 총리사가 일본메소디스트교회와 연합 문제를 제안한 것은 1938년 10월 5일에 열린 제3회 조선감리회 총회에서였다. 이 총회에서 "본 총회는 특별위원 7인을 선택하여 명년 11월에 회집할 「일본메소디스트교회 총회」에서 선택하는 특별위원과 합동 협의하여 일본제국내의 감리교회 발전에 가장 유익한 방침을 결정케 함"이라고 결의하고 양주삼 목사를 위원장으로 하는 특별위원회를 구성하였다. 또한 총회 공식 순서에 "애국일 실시"를 넣고 총회 제3일째인 10월 7일 오후에 배재중학교 운동장에서 양주삼 총리사의 사회로 '애국일' 행사를 치르고 총독부를 방문하여 미나미 총독의 '고사'를 듣고, 조선신궁을 참배하였으며, 그날 저녁에는 총독부 학무국장 김대우와 총리원 서무국 위원장 윤치호의 '시국강연'을 들었다. 이때 행한 미나미 총독의

'고사'는 기독교계에 대한 직접적이고 노골적인 위협이었다. "신교信敎의 자유는 대일본국민인 범위에서만 용인되는 것이며, 그러므로 황국신민이라는 근본정신에 배치되는 종교는 일본 국내에서는 절대 그 존립을 허용하지 않는 것입니다."

이 총회에서 신임 총리사로 선임된 김종우 목사는 그 해 12월 12일 전임 총리사였던 양주삼 목사, 장로교 총회장 홍택기 목사, 부회장 김길창 목사, 성결교 이명직 목사와 함께 일본의 교토, 이세, 나고야, 도쿄 등에 있는 신궁을 두루 참배하고 21일에 귀국하였다. 신사참배 문제에 대한 한국 교회의 완전한 패배와 굴복을 의미하는 상징적인 행각이었다. 1939년 5월 3일부터 10일까지 정동제일예배당에서 열린 제7회 서부, 중부, 동부 합동연회에서도 총리사와 각 지방 감리사 일동이 개회에 앞서 조선신궁에 참배하고, 개회식에서 국기게양, 황국신민서사 제송, 궁성요배, 전몰상이장병 유족을 위한 묵도 등 이른바 '국민의례'를 하기는 하였지만, 이 회의에서 특별한 부일협력 활동은 보고되지 않았다.

그러던 감리교회가 그 해 9월 17일 김종우 감독이 세상을 떠나고, 9월 28일 감리회 총리원 이사회에서 정춘수 감독이 피선되면서 교파 차원의 부일협력활동에 뛰어들게 되었다. 10월 4일에 취임한 정춘수 감독은 일본메소디스트교회와의 합동 문제를 협의하기 위해 양주삼(위원장), 윤치호, 신흥우, 김영섭, 이윤영, 유형기 등과 함께 일본에 건너가 10월 18, 19일 양일간 아베阿部義宗(위원장) 등 7명의 일본 측 대표와 회합을 갖고 양교회가 가급적 속히 동일한 명칭을 사용하기로 합의하였다. 감리교의 일본메소디스트교회와의 합동문제는 그 후에도 논의와 교섭이 계속 진행되어 마침내 1940년 10월 2일 기독교조선감리회 총리원 이사회에서 합동을 결의하고, 10월 14일 도쿄에서 열린 일본메소디스트 총회에서도 합동을 결의하였으나, 조선총독부측의 거부로 합동은 무산되었다. 아마도 그들의 통제하에 두는 것이 더 유용하였기 때문이었을 것이다. 정춘수 감독은 1939년 성탄절에 "국가에 대한 의무로 출전 장병의 가족을 위하야 작년과 같이 위문대 1개 금 1원으로 작정하야 매교회 1개 이상 수납하자"는 광고통지대로 꼭 실행할 것을 당부하였다. 감리교회는 이듬해 2월 11일 '기원절'에는 전 교회가 애국기념주일 예배를 드리도록 성서 본문과 설교 주제까지 정한 순서를 회보에 게재하고 있다. 1940년 7월 1일에는 감독의 편지와 통고문(제8호)을 통해 "금년은 황기 2천 6백 년을 기념하며 신동아 건설을 위하여 여러 가지 행사가 있는 중 7월 7일을 맞아 우리 국민 된 자들은 시국을 더 철저히 인식할 필요가 있는 것"이라고 하면서 "지나사변 기념행사에 대하여는 당국의 지시가 있는 대로 일체로 봉행할 것"을 지시하고 있다.

국민정신총동원 기독교조선감리회 연맹은 1940년 7월에 조직된 듯하나 정확한 날짜는 알 수 없다. 다만, 9월 1일자 회보의 권두언에 해당하는 '감독의 편지'에 다음과 같이 알리고 있다.

"더욱 우리가 이번에 시국인식을 철저히 하고 전도보국의 사명을 유감없이 하려고 국민정신총동원 기독교조선감리회연맹을 조직하고, 지난 7월 하순경에 각 감리사와 담임자에게 특별통첩을 하여 9월 1일 애국일 오후에는 각 지방에서 지방연맹 결성식을 일제히 거행할 것과 각 교회에서는 애국반을 조직할 것을 전달하였습니다."

이 연맹의 조직은 이사장 정춘수, 이사 양주삼·박연서·김영섭·구성서·최활란·이동욱·배덕영, 상무이사 유형기, 간사 임영빈·유하영·박종구로 하였다. 따라서 감리교의 국민정신총동원 지방연맹은 1940년 9월 1일에 일제히 조직되었을 것으로 보이지만, 각 교회의 애국반은 각 교회의 사정에 따라 일제히 조직된 것은 아니었던 것 같다. 애국반의 조직은 각 교회 담임자가 반장을 맡고, 반위원과 평의원은 반장이 지명하도록 되어 있었다.

당시 조선총독부는 '황기 2600년'과 '조선시정 30주년'을 맞이하여 '신체제 운동'을 대대적으로 일으키고, 교회에 대해서도 강압적인 변질을 강요하였다. 신사참배거부항쟁자들에 대해서 1940년 9월 20일 새벽 미명에 함경도를 제외한 전국에서 일제 검거를 단행하였다. 그리고 경기도 경찰부에서는 구체적인 지도요강을 확립하고 9월 26일 감리교 간부들을 불러 '혁신'을 요구하였다. 그리하여 정춘수 감독은 10월 2일 기독교서회에서 감리회 이사회를 개최하고 기독교조선감리회 혁신조항을 제안하여 만장일치로 결의하고 신문지상에 발표하였다. 이어서 10월 25일에는 기독교서회 회의실에서 연합감리사회를 개최하고, 이사회에서 결의한 혁신안의 취지를 설명하고 실천에 대한 의견을 교환하였다. 그날 총독부 측에서는 경무국 보안과장 후루가와[古川兼秀] 이하 관계관 및 학무과장 야기[八木信雄], 사회교화과장 이원보李源甫, 조선군 보도반 정훈[蒲勳] 소좌가 참석하여 시국에 대한 강연을 하고, 혁신안의 구체화에 대하여 격려를 하였다.

국민정신총동원 조선연맹이 1940년 10월 15일부로 국민총력 조선연맹으로 개편함에 따라 감리교회도 국민총력 기독교조선감리회연맹으로 개칭하였다. 이 연맹의 1941년도 본부 임원 및 기독교조선감리회 혁신조항 실행상무 명단은 다음과 같다.

본부 임원

- 이사장: 정춘수
- 이사: 양주삼, 김영섭, 구성서, 박연서
- 상무: 유형기
- 회계: 이동욱
- 교섭통신: 심명섭
- 선전: 하라모토[原本絢司]
- 혁신조항 실행상무: 신흥우, 양주삼, 박연서, 황치헌, 전진규

이 연맹의 이사장 정춘수는 1941년 2월 1일부로 각 지방연맹 이사장과 각 교회 애국반장 앞으로 기원절 봉축에 관한 건이라는 공문을 보내 2월 11일 이른바 기원절 봉축 행사에 참여하도록 독려하고 있다. 그리고 같은 해 3월 4일부터 5일까지는 이 연맹 주최로 부민관 강당과 정동제일예배당에서 시국대응신도대회를 열고, 조선신궁 참배와 애국헌금을 비롯한 애국행사를 하고, 혁신요강의 실천과 고도국방국가 완성에 매진할 것을 선언한 선언문을 채택한 다음 각종 시국강연을 들었다. 이 행사에는 총독부 측의 학무국장과 경기도지사가 참석하여 축사를 하였으며, 이 대회에서 윤치호, 양주삼, 신흥우, 김영섭, 정춘수, 박연서, 황치헌 등이 강사로 나서 기독교인의 전쟁 협력을 주장하였다.

이밖에도 조선군사령부 육군소좌 정훈, 국민총력 조선연맹 사무총장 가와기시[川岸文三郎], 경성보호관찰소장 나가사키[長崎祐三] 등이 시국 강연을 하였다.

국민총력 기독교조선감리교단 연맹 산하 각 교구연맹과 각 교회 애국반은 1941년 3월 15일에 정춘수 연맹이사장이 각 교구장과 각 교회 주관자 앞으로 보낸 '국민총력 교구 교회 연맹 규약 제정 건'이라는 공문에 의해서 '국민정신총동원' 기구에서 '국민총력' 기구로의 개조가 이루어졌던 것 같다.

그러나 앞서 언급한 '혁신조항'에 대해서 감리교 내부에서도 비판의 소리가 없었던 것은 아니다. 특히 양주삼 목사는 감리교선교부와의 단절에 대해 비판적이었다.

"이러한 교회는 진정한 교회가 아니요, 이것은 신사교회神社敎會를 만드는 것이므로 나는 여기에 참가치 않을 것이요, 정감독 혼자 단독으로 한 것이다. 그는 은인을 모르고 선교사를 배척하는 배은자背恩者이며, 나는 그런 일에 협력할 수 없기 때문에 철저히 반항할 수밖에 없다."

그는 1940년 10월 2일 이사회에도 북경 출타를 핑계로 불참하였고, 그해 12월 30일부로 만주감리교회 관리자직도 사임하였다. 정춘수와 양주삼의 갈등은 1941년 1월 12일 감리교 해외선교부의 감독 배커와 총무 디펜도르퍼가 내한하여 양주삼·이윤영·김활란·박현숙·우상용에게 감리교선교부유지재단 관리를 맡김으로써 표면화되었다. 이듬해 3월 초 정춘수 통리자는 선교부의 재산을 양도하라는 위협적인 공문을 양주삼에게 보냈으나 거부당했다. 그러자 정춘수 통리자는 양주삼의 기독교서회 파송을 취소하고, 1942년 5월 부대명의 통고를 하였다. 이 감리교 선교부 재산양도문제는 총독부가 1942년 5월 22일부로 선교부의 모든 재산을 '적산敵産'으로 선언·압류함으로써 일단락되었다.

정춘수 감독은 혁신안의 실천을 위해서 1941년 3월 10일 정동예배당에서 임시특별총회를 소집하고, 새로운 교단규칙을 제정하여 '교단' 체제로 개편하였다. 기독교조선감리회의 명칭도 기독교조선감리교단으로 고치고, 감독도 교단통리자로 고쳤다. 서부·중부·동부 3부와 그 밑에 여러 지방으로 나누었던 지방조직도 통폐합하여 10개의 교구로 나누고, 각 교구장을 임명하여 관리하게 하였다. 이 총회에서 채택한 결의문에 보면 일제에의 협력과 선교회에 소속된 기관 인수 등을 명백히 하고 있다.

감리교회가 감리교단으로의 개편이 마무리됨에 따라 1941년 4월 국민총력 기독교조선감리회연맹도 교단연맹으로 명칭이 변경되고 임직원도 다음과 같이 개편되었다.

- 이사장: 정춘수
- 상무이사: 심명섭
- 이사: 김영섭·양주삼·박연서·김수철·원익상·이동욱
- 간사: 이기태·전희진·김희운

같은 해 5월 15일부터 16일에는 정동제일예배당에서 감리교단 연합 여자대회를 개최하여, 여선교회를 해소하고, 교단 여자사업부를 조직하였다. 이 대회 마지막 날에 채택한 결의문에서는 "우리 기독교조선감리교단 여신도 일동은 금년 봄 우리 교단 특별총회에서 혁신을 단행한 정신과 그 기구에 의하여 순정한 일본적 기독교의 신앙으로써 복음전도사업에 옛날보다 배나 봉사하고 신도臣道 실천 직역봉공에 충성을 다함으로써 성려聖慮(천황의 심려)를 평안히 받들기를 맹서함"이라고 하여 이 대회의 성격을 말해주고 있다.

1941년 6월 3일에는, 전해 10월 3일 이른바 '혁신'을 단행한다고 휴교하였던 감리교회신학교가 김인영 목사를 교장으로 다시 문을 열었다. 기존의 교수들을 모두 해임하고, 교과내용도 복음 연구를 위주로 하고 기독의 생애와 그 교훈을 따라 실천하는 데 주력하도록 하되, 종래 하던 외국역사와 습관을 버리고, 국어(일본어)로 교수하며, 국사(일본사)와 동양종교를 학습하야 일본정신을 함양하고 군사교련으로 국민의 도를 닦게 획기적 혁신을 하였다. 국민총력 조선감리교단연맹은 1941년 10월 21일 이사회를 열고 전시대응 교역자 강습회 개최, 각 교구 대표자 부여 신궁 조영 봉사, 각 교회당 또는 부속공지를 해 부락, 읍, 면, 정에 제공, 각 교회 소유의 철문과 철책 등을 헌납할 것, "방별로 시국대응 강연 또는 좌담회 개최 등 5개 항을 결의하여 전시하 황국신민으로써 종교보국에 충성을 다하기로 하였다. 이 결의에 따라 감리교회신학교에서 10월 28일부터 31일까지 실시된 제1회 기독교조선감리교단 교역자 전시대응강습회에서는 그 순서에 일동이 호국신사어조영 근로봉사 작업과 조선신궁 참배가 들어 있었으며, 신흥우(배재학교장), 가와키시川岸文三郎(국민총력 조선연맹 사무국 총장), 후루가와川兼秀(총독부 보안과장), 나가사키長崎祐三(경성보호관찰소장) 등이 강사로 나와 시국강연을 하였다.

정춘수 통리자는 1941년 12월 8일에도 각 교회 주관자에게 긴급공시문을 보내 14일 아침 예배 후 영미응징승전기원을 하고, 애국헌금을 성의껏 하여 본부로 즉시 송금할 것 등을 지시하였다. 이듬해인 1942년 1월 31일에도 공문을 보내 매월 8일에는 대조봉대식을 거행하고 필승기원을 하며, 예배와 기도회를 주일 아침에 한 번, 수요 저녁에 한 번을 원칙으로 하고, 애국헌금 기타 국민의 의무이행에 성의를 다하고 그 결과를 본부에 보고할 것을 지시하고 있다. 2월 13일에도 각 교구장에게 황군 위문 및 철물헌납 건 이라는 공문을 보내 교회종도 헌납하야 성전聖戰 완수에 협력하도록 지시하고 있다.

그동안 혁신안에 따라 교단본부에서 사용하던 신정찬송가의 개정 작업을 하여 총독부의 출판허가를 얻어 발간하려 하였으나, 재고가 많이 남아 있고, 전시하 용지절약의 국책에 순응하여 기존 찬송가 책을 고쳐서 사용하기로 하고, 100여 곳의 삭제 또는 정정할 곳을 회보에 게시하고 있다. 1942년 5월 일제의 징병제 실시 예고와 관련해서도 공시를 통해 철저한 준비와 참여를 독려하고 있다. 5월 18일에는 감리교단 경성교구 주최로 인사동 중앙예배당에서 부인강연회를 열어 징병제도 실시에 대한 부인들의 인식을 계몽하였다. 공덕동 감리교회 부인회에서도 5월 26일부터 30일까지 매일 밤 징병제 실시 기념 부인강연회를 개최하고 있다.

감리교단 산하에 각 지방 부인회 대표로 조직된 연합여자대회는 제2회 대회를 1942년 6월 17일부터 18일까지 이틀 동안 인산동 중앙예배당에서 열었는데, 회원 300여 명이 참석하여 첫날 아침에 전원이 조선신궁에 참배하고 돌아와 정춘수 통리의 '고사'와 총독부 관리들의 시국강연을 듣고, 징병제 실시에 대한 감사 결의 및 애국헌금을 하였다.

정춘수 통리자는 1942년 10월 1일부터 3일까지 인사동 중앙예배당에서 기독교조선감리교단 제2회 정기총회를 열고 2일에는 교단혁신 2주년 기념식을 가질 예정이었다. 총회는 예정대로 10월 1일 오전 9시에 개회되었으나, 개회 초기에 정춘수 통리의 부적절한 행동 때문에 불신임 탄핵안이 제안되어 25대 0으로 통과되었다. 그래서 임시 회장을 선임하여 회의를 계속하려고 하였으나, 그 다음 날 일제 경찰이 개입 방해하여 정춘수 통리가 회의의 연기를 선언하게 하였다.

일제 경찰의 비호를 받은 정춘수 통리는 그해 12월 2일부터 3일까지 감리교회신학교에서 제2회 총회를 다시 열었으나, 예상치 않게 변홍규 목사가 통리자에 선임되었다. 신임 변홍규 통리자는 소감과 포부를 통해 시국대응, 신앙보국, 도의 생활에 힘쓰겠다고 약속하였으나, 일제 경찰은 그의 선출을 달가워하지 않았다. 변홍규 통리자는 정춘수 전임 통리자의 '혁신노선'에 따라 일제에의 협력과 교파 통합, 신학교 통합에 적극적이었다. 그리하여 1943년 4월 1일에는 감리교단 특별총회를 열어 장로교 경성노회와 연합을 결정하였다. 그리고 다음날 총독부 경무국의 비호하에 전필순을 통리자로 하는 조선혁신교단이 조직되었다. 그러나 며칠 후 경성노회원 몇몇이 감리교단과 합동은 결의한 바 없다고 선언하고 전필순을 탄핵하였다.

그러자 변홍규 통리자도 감리교단의 환원을 주장하여 한 달여 만에 경무국에서도 통합은 없었던 것으로 인정하여 조선혁신교단은 분해되고 말았다. 이 일로 일제 경찰은 변홍규 통리자를 결국 사임시켰다. 1943년 7월에는 감리교단 특별총회를 열어 변홍규의 사임으로 공석인 통리자로 김영섭 목사를 선출했으나, 그의 취임식에서 그의 혁신교단 참여를 청중들이 비난하자 그도 사임하고 물러나 감리교단 총회는 다시 연기되었다. 8월에도 감리교단 특별총회에서 전진규 목사를 통리자로 선임하였으나, 총독부 경무국에서 선거가 부적절하게 이루어졌다는 트집을 잡아 무효화시켰다.

결국 그해 10월 3일에야 경무국의 비호하에 감리교단 특별총회를 열고, 일제 경찰이 원하는 대로 정춘수를 다시 통리자로 선임하였다. 그는 다시 통리자로 선임되자, 교단 명칭을 일본기독교 조선감리교단으로 바꾸고, 1943년 11월 11일부로 각 교회 주관자에게 '교단규칙 실시하도록 통달의 건'이라는 공문을 보내, 1943년 10월 14일 일본교단 임시총회에서 새로 제정된 교단규칙(일본기독교 조선감리교단 규칙)을 만장일치로 가결하여 당일부터 실시하기로 하였으므로, 이 규칙에 따라 조속히 실시하도록 통달하였다. 이에 앞서 11월 5일에는 '애국기 헌납자금 송금하도록 독촉의 건'이라는 공문을 보내, 교회별 부담금 액수까지 정하여 통보하고 있다.

지난 쇼와 18년 3월 21일 일요일을 기하여 애국기 헌납 자금으로서 특별 헌금을 하도록 하여 모금은 본년 6월 말까지 송금할 예정이었지만, 본 교단 사정상 아직까지 실행을 보지 못하고 있는 것은 유감 천만으로써 조속히 실시를 촉구하여 오는 이달 15일까지 송금하도록 통지 및 독촉한다.

11월 8일에도 '임시특별지원병 채용제 취지 철저의 건'이라는 공문을 보내 1943년 11월 6일 부민관에서 가진 각 종교단체 대표자 간담회를 개최하고 전시보국회를 결성하고 거기서 결정한 실시사항을 통고하고 있다. 이듬해 2월 18일에서 20일까지는 황해교구 주최로 백천읍교회당에서 관내(교회)주관자 연성회를 개최였다.

정춘수 통리는 1944년 3월 3일에 개최한 교단상임위원회에서 경성, 제물포, 송도, 해주, 평양, 진남포, 원산, 강릉, 상성 능시에 있는 34개의 교회를 폐쇄하여, 그 재산을 팔아 비행기 3대의 헌납 기금으로 바칠 것을 결의하고 3월 7일자로 그 시행에 관한 공문을 발송하고 있다. 1944년 5월 1일자 『기독교신문』에 실린 일본기독교조선감리교단 '통보'에서도 애국기 헌납 결의와 신도의 헌금 및 교회의 병합과 구역정리의 실시를 통해 애국기(감리교단호) 3대를 헌납하기로 결의한 것과 그 대금은 신도의 헌금전액과 교단소속 교회의 병합에 의해 폐지된 교회의 부동산을 매각처분한 대금으로 충당하기로 하였다고 알리고, 교회병합은 4월 2일 예배일까지 실시할 것을 명령하고 있다.

더욱이 '순복음만 선포하기로'라는 항목에서는 1943년 10월 총회의 결의에 따라 교단 혁신의 정신을 반영하여 유태사상을 배제하고 순복음으로서 교의를 선포하기로 교단규칙을 개정 실시하기로 하였는데, 이후부터는 예배 설교 또는 교의를 선포할 때에 구약전서와 신약의 묵시록은 사용치 아니하고 「4복음서」에 기인해서 교의선포를 하기로 각 교회 주관자에게 교단 통리로부터 통첩이 있었다고 하면서 개정된 규칙 조항을 덧붙이고 있다. 예배집회 시간 단축 실시라는 항목에서도 전력증강, 생산 확충을 위해 집회시간을 절약하는 의미에서 매일요일 오전, 오후

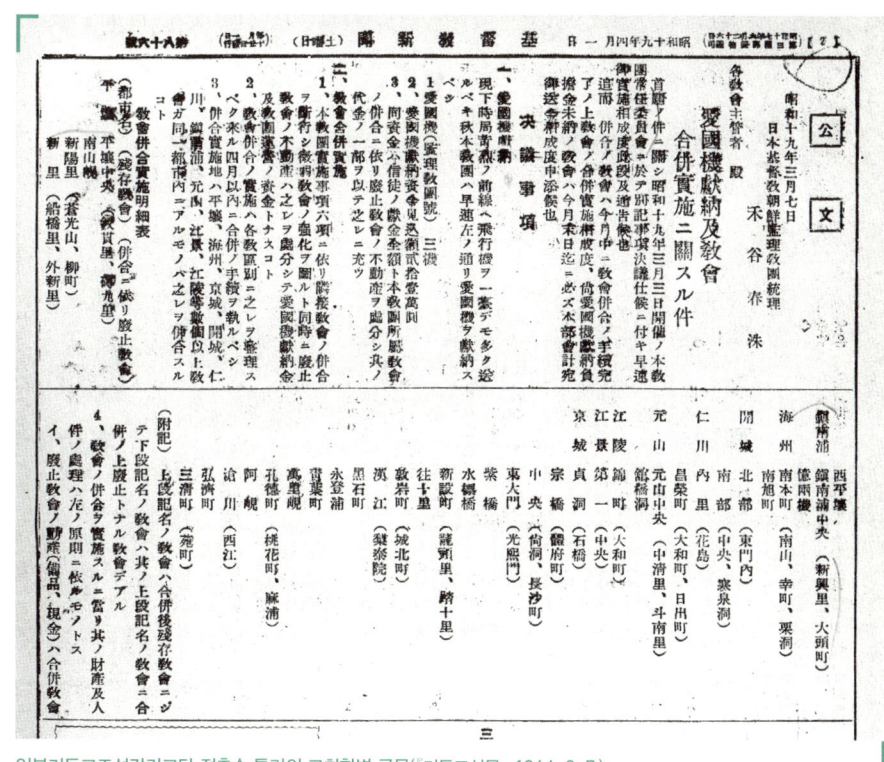
일본기독교조선감리교단 정춘수 통리의 교회합병 공문(『기독교신문』 1944. 3. 7.)

야간에 걸쳐서 모이던 집회를 1회로 단축하고 조주석朝晝夕 구별 없이 적당한 시간을 정하고 1회만 예배하며, 수요일 밤 기도회도 지방 사정에 의하여 집회를 연기하거나 집회 시간을 변경하도록 통달하고 있다. 그리고 매월 첫 주 일요일 예배 헌금은 각지 군인원호회에 매월 송금하여 출정군인유가족 원호금으로 쓰이도록 하고 있다.

그밖에도 정춘수 통리가 이끄는 교단 상임위원회는 1944년 4월에 수천 엔의 돈을 들여 상동교회에 황도문화관을 설치하기로 하고 그 회장은 정춘수 통리자, 부회장은 이동욱 목사, 관장은 갈홍기 목사가 맡기로 하였다. 그리하여 1944년 9월 26일에서 29일까지 황도문화관 개관 특별행사를 갖고 이 행사에는 총독부 경무국장, 조선군 사령관, 법관, 일본메소디스트 목사 등이 참석하여 연설을 하였으며, 기념행사 기간 동안 매일 신도의 결례의식인 '미소기'를 실시하였다. 그러나가 실국 김리교단은 1945년 7월 19일 출범한 일본기독교 조선교단에 통합되었다.

강제 은퇴와 친구의 변절에 대한 충고

신석구 목사는 기독교조선감리회 연회의 정회원이었기 때문에 1941년 3월 6일부터 11일까지 서울 정동제일교회에서 개최된 동부·중부·서부 3부 합동연회에 참석하였다. 정춘수 감독은 이 연회 기간 중인 3월 10일 같은 장소에서 기독교조선감리회 임시특별총회를 열고 신교단규칙을 제정하고 외국선교부와의 관계 단절을 결의하여 혁신교단을 출범시켰다. 그리고 이 교단규칙에 따라 명칭도 종래의 기독교조선감리회에서 기독교조선감리교단으로 바꾸고, 매년 모이던 연회를 해산하고 전국을 10교구로 나누어 교구제를 실시하였다. 더욱이 이 교단규칙에서는 교역자의 연령이 만 65세가 되면 통리자가 은퇴를 명할 수 있게 하여 종래 70세의 은퇴연령을 5년이나 낮추었다. 이에 따라 신석구 목사도 원익상, 유시국, 강조원, 이동웅 목사와 함께 연회 마지막 날인 3월 11일 '은퇴목사 5인 찬하회'에 참석하고 은퇴하게 되었다. 다행히 은퇴 후에도 신유리교회에서 계속 유임을 청원하자, 그 지역 교회 파송권을 가지고 있던 평안서교구장 이호빈 목사가 후임 목사가 결정되기 전까지 시무하게 한다는 명분으로 대리 교역자로 파송하여 계속 시무하게 되었지만, 강제은퇴나 다름이 없었다. 그 후 교단은 급속히 변질되어 갔다. 신석구 목사는 공식적으로는 은퇴 목사였기 때문에 교단의 행정에는 간섭할 권한이 없었으나, 이런 혁신교단의 운동에는 반대하는 입장이었다.

정춘수 통리는 1944년 3월 3일 교단 상임위원회를 열어 애국기愛國機 3대를 헌납할 비용을 마련하기 위하여 각 지역의 교회를 병합하기로 하고, 3월 7일 '애국기헌납 및 교회병합 실시에 관한 건'이라는 제목의 공문을 보내 잔존교회와 병합 폐지될 교회의 명부를 통보하였다. 신석구 목사가 시무하던 진남포에서도 진남포중앙교회와 억량기교회만 남기고 신흥리교회 대두정교회를 폐지하게 했다. 그리고 이 일을 4월 중에 마무리하게 독려하기 위해서 정춘수 통리가 직접 지방교회를 순회하며 설명회를 개최하였다. 정춘수 통리가 진남포지방에 왔을 때 신석구 목사도 그 설명회에 참석하였다. 그때 그곳에 같이 참석하였던 억량기교회 홍만호 장로는 이렇게 회고한다.

> 그때 진남포에 내려온 분은 정춘수 감독하고 이동욱 목사, 그리고 김인영 목사였습니다. 우리 진남포지방 목사 장로들을 모아놓고 정춘수 감독이 교회를 통폐합해야겠다고 설명하자, 그것을 듣고 있던 박선제 목사님이 '어디 팔아먹을 것이 없어서 예배당까지 팔아먹느냐'고 땅을 치며 극렬하게 성토하였습니다. 그리고 그 때 구세군에 있다가 감리교회로 넘어오신

감리교 진남포 지방회(1942)

전도사 한 분이 삼화항교회에 계셨던 분인데 이분이 피를 토하고 쓰러지셨어요. 그분은 얼마 후에 돌아가시고 말았지요. 그러니 회장은 난장판이 되었지요. 박선제 목사님은 땅을 치고 고함을 지르고 전도사 한 사람은 피를 토하고 쓰러지고 …… 그런데 그때 신석구 목사님께서는 강단에 앉아 계셨는데, 아무 말씀도 안 하시고, 두 손을 모으시고 기도하시는데, 두 눈에 눈물이 가득 고여 있는 것이 보였어요. 그분은 눈물의 사도였어요.

— 이덕주, 『신석구』

이런 신석구 목사의 반反 혁신 성향을 잘 알고 있는 교단은 1944년 4월 그에게 '주관자 면직 처분' 통고를 하였다. 그는 자서전에서 그때의 일을 이렇게 회고한다.

혁신교단의 여러 가지 불미한 사태에 분하고 답답하여 목회를 그만 두려고 생각하다가 사람에게 원망하여 하나님의 주신 직분을 그만두는 것은 안 된다고 마음을 돌이켜 먹었더니, 1944년 4월 교단 본부로부터 주관자 면직 처분을 받았다. 그리하여 이제는 하나님께서 그만두라고 하시는 때가 된 줄 알고 사람에 대하여 아무런 원망을 가지지 않고 이를 달게 받아들이며 물러나기로 했으나, 교회에서 억지로 머물게 함을 거절하기가 쉽지 않았다.

이런 상황에서 1944년 늦은 봄 어느 날 신석구 목사는 친구 정춘수 통리를 만나 충고하기 위하여 손자 성균을 데리고 서울에 올라왔다. 그때의 일을 손자 신성균은 이렇게 회고한다.

제가 춘천중학교 다닐 때였습니다. 태평양전쟁 막바지에 달해 생활이 극도로 궁핍했던 시절인데 하루는 진남포에 계시던 할아버지께서 저에게 연락이 오기를 서울역에서 만나자는 겁니다. 방학이 되어 진남포로 내려가던 길이라 서울역에서 내려 할아버님을 뵈었습니다. 그때 할아버님은 '어디 좀 같이 가자' 하시면서 저를 데리고 고깃간으로 가셨습니다. 저는 그때 처음으로 할아버님이 고깃간에 들어가시는 것을 보았습니다. 집에서는 생각지도 못하던 일이었습니다. 할아버님은 쇠고기 두 근을 사 들고 나오셨습니다. 그때 쇠고기 두 근이면 값도 값이려니와 구하기도 어려운 것이었습니다. 할아버님은 저를 데리고 정릉 어디쯤으로 기억하는데 정춘수 목사님 댁으로 가셨습니다. 저를 골목길 어귀에 세워 두시고는 당신 혼자 들어가셨다가 한참 지난 후에야 나오셨습니다. 그리고는 아무 말씀도 하지 않으시고 내 손을 잡고 서울역으로 다시 향하셨습니다. 할아버님 얼굴이 무척 어두웠던 것으로 기억됩니다. 할아버님은 서울역까지 가시면서 내게 아무 말씀도 하지 않으셨어요. 다만 가끔 혼잣말처럼 '허! 이 친구 이렇게까지 해서는 안 되는데, 그러면 정말 안 되는데……' 하시고는 깊은 한숨을 쉬셨습니다. 그날 할아버님께서 친구였던 정춘수 목사님을 설득하러 가셨다는 것을 알게 된 것은 한참 후였습니다. 할아버님은 똑 같은 방법으로 그때 종로에서 『도요노히카리』[東洋之光]』라는 친일잡지를 내던 박희도씨도 찾아갔다가 역시 같은 대접을 받고 나오셨습니다.

— 이덕주, 『신석구』

신석구 목사는 해방 후에 쓴 그의 자서전에서 정춘수 목사에 대해서 이렇게 회고한다.

정춘수씨는 나의 잊지 못할 은인이요, 또한 같은 고향 사람으로 오랫동안 사귀어 오는 친구이다. 그의 부친은 한 고을의 유명하신 학자이셨다. 나는 개성 그의 집에서 1년간 신세진 적도 있고, 3·1운동으로 3년간 옥고를 치를 때도 같이 고생했으며, 35년간이나 한 교파 안에서 같이 일 해왔다. 그러니 주 안에서 누구나 형제가 아니리요만은 '철중鐵中에도 쟁쟁錚錚'이란 말과 같이 3·1운동으로 감옥에 있을 때 특별히 의를 맺기도 하였다. 어디로 보든지 잊으려야 잊을 수 없는 처지이다. 그러나 일본기독교단 관계로 멀어진 것을 한탄한다. 지금도 생각날 때마다 기도한다.

신석구 목사는 교단의 면직 통보를 받았음에도 불구하고 하나님께서 주신 목사 직분을 포기할 수 없었다. 더욱이 신유리교회 교인들이 그를 놓아주지 않았다. 그러자 새로 평안서교구장이 된 정지강 목사는 신석구 목사를 신유리교회에 계속 목회하도록 묵인하는 대신 종래 신유리교회의 지교회였던 문애리교회의 지휘를 받게 했다. 그러다가 1944년 여름 교단본부는 신석구 목사를 신유리와 진남포 사이에 있는 유사리교회로 파송하였다.

유치장에서 맞은 해방

해방과 분단

일제의 패망이 가까워지면서 임박한 일본 본토에 연합군 상륙을 결사저지하기 위해서 1945년 6월 8일 일왕이 참석한 가운데 최고전쟁지도회의를 열고 「금후 채택할 전쟁 지도의 기본방침(본토 결전 방침)」을 결정했다. 그리고 이어서 6월 13일에는 국민의용전투대 결성을 위해서 대정익찬회 및 산하 모든 단체를 해산했다. 6월 22일에는 「전시긴급조치법」이 공포되어 내각에 독재권한을 부여했다. 6월 23일에는 「의용병역법」을 공포하여 15세 이상 60세 이하의 남자와 17세 이상 40세 이하의 여자를 국민의용전투대에 편성하도록 했다. 이러한 일본 본토에서의 조치에 호응하여 조선총독부도 1945년 6월 16일 전국적으로 국민의용대國民義勇隊를 조직하게 했다. 이는 일본 본토는 물론 조선에까지 연합국군이 상륙할 것에 대비하여 생산과 방위를 일원화 하려는 조치였다. 마침내 조선에서는 7월 7일 총독이 국민의용대 조직에 대한 유고를 내고, 국민의용대 조선총사령부를 조직했으며, 그 이튿날인 7월 8일에는 경성의용대도 결성식을 가졌다. 이어서 7월 10일에는 관제 협력기구이던 국민총력 조선연맹을 해산하였다.

이 무렵 일제는 기독교계에 대해서도 교단통합을 더욱 강도 높게 요구하는 한편, 연합국군이 상륙할 것에 대비하여 기독교 지도자들을 미리 검거하여 살해할 계획까지 비밀리에 마련하고 있었다. 1945년 6월 25일 정무총감 엔도가 장로교, 감리교, 구세군 지도급 인물 55명을 총독부로 초대하고, 기독교 각 교파를 통폐합하여 일본기독교 조선교단을 만들어 그들에게 협력할 것을 요구했다. 이에 따라 총독부 학무국 직원 2인을 포함한 통합위원회가 구성되고, 이들의 준비를 거쳐 7월 19~20일 통합위원회에서 자의적으로 선정한 각 교단 대표 장로교 27명, 감리교 21명, 구세군 6명, 5개 독립교회 각 1명, 총 59명을 소집하여 회의를 열고 일본기독교 조선교단을 설립했다. 교단 임원은 투표 없이 학무국 직원이 나와 통리자로 장로교 김관식 목사, 부통리자로 감리교 김응태 목사를 지명하고, 이들이 학무국 직원과 협의하여 임직원을 선임하고 8월 1일부터 시무하게 하였다. 그리고 각 지역별로 교구조직에 착수하였으나 교구조직을 다 마치지 못한 상태에서 해방을 맞았다.

독일이 패망한 후 미국, 영국, 중국 등 연합국 수뇌들이 1945년 7월 26일 베를린 근교 포츠담에서 회합을 갖고 1943년 11월에 발표한 카이

로선언을 재확인하며 일본의 무조건 항복을 요구하는 포츠담선언을 발표하였다. 그러나 일본이 이를 무시하자 미국은 8월 6일 히로시마에, 8월 9일 나가사키에 가공할 만한 원자폭탄을 투하하였고, 소련도 8월 8일 일본에 대한 선전포고를 하고 참전하였다. 마침내 일본은 1945년 8월 15일 정오 무조건 항복을 선언하였고, 우리민족은 해방을 맞이하였다.

우리 민족은 종종 이민족異民族의 침략과 지배·간섭은 받아보았지만, 고려시대 이래로 민족이 분단되거나 갈린 적은 없었다. 그런데 1945년, 일제 36년간의 강점에서 해방되면서 우리 민족은 북위 38도선을 경계로 남북으로 분단되었다. 그리고 이것은 지역적·체제적 분단이었을 뿐만이 아니라 이념적·정신적 분단이었으며, 상호 불신과 적대감이 고조되다가 결국 6·25의 동족상잔으로까지 이어졌다. 38선은 소련군의 남하를 우려한 미국이 일본군의 무장 해제를 명분으로 제안 설정한 임시 경계선이었다. 북위 38도선을 경계로 그 이남은 미군이 그 이북은 소련군이 일본군의 무장해제를 담당하기로 한 것이다. 그러나 이렇게 진주한 미소 양군은 각 점령 지역의 자생적 한국인의 정치 조직을 해체하고 군정을 실시하였다. 일제의 억압하에서 한국인들은 정치적 훈련을 제대로 받지 못했으나 이민족의 지배와 독립운동 과정에서 의식이 깨어나 나름대로의 이념을 체득하고 있었기 때문에 정치적 성향은 대단히 강하고 다양했다. 해방 직후에 좌우익을 막론하고 정치단체들이 우후죽순처럼 일어났던 것은 그러한 이유에서였다. 그러나 그러한 정치 단체들은 군정이라고 하는 체제의 제약을 받지 않을 수 없었다. 그리고 그 군정의 성격에 따라 정치단체들의 활동이 제약을 받지 않을 수 없었다. 김구, 여운형, 김규식을 비롯한 좌우합작 세력이 그들의 지지기반을 잃고, 38선 이남에서 이승만을 중심으로 한 우익세력이 주도권을 잡았으며, 이북에서는 김일성을 중심으로 한 좌익세력이 주도권을 잡게 된 것은 각각의 군정들이 이들 세력을 비호했기 때문이다. 이제 1920년대 이후 국내외 좌우익 세력의 분화와 대립이 해방 정국에서 지역적 체제적 분열로까지 이어진 것이다.

해방 직후 다소 혼란한 상황이 계속되다가 좌우익 세력이 뚜렷이 견해를 달리하며 대립하게 된 것은 신탁통치 문제에서였다. 1945년 12월 27일 모스크바에서 개최된 미영소 3상회의에서 한국 5개년 신탁통치 실시를 결정 발표하였다. 당시에 널리 알려졌던 것과는 달리 38선의 획정과 마찬가지로 신탁통치안도 미국이 제안하여 연합국의 회의에서 받아들여진 것이었다. 이 결정이 국내에 알려지자 즉각적인 완전 자주독립을 바라던 한국민족은 곧 바로 신탁통치 반대운동에 돌입하였다.

처음에는 좌익진영도 이에 합세했다. 그러나 이북의 좌익세력이 찬탁으로 돌아섬으로써 이남에서도 좌익은 찬탁을 주장하여 여론이 분열되고 찬탁과 반탁의 내부 싸움으로 변질되었다. 특히 이 싸움이 격화된 것은 그 때까지만 하여도 침묵 자제하던 친일세력들이 반탁운동에 적극 가담하고 좌익을 압박하여 자신들의 친일경력에 면죄부를 받고자 했기 때문이다. 물론 신탁통치 반대의 입장에도 이승만을 중심으로 하는 노선과 김구를 중심으로 한 노선은 달랐다. 이승만은 1946년 6월 3일 정읍발언을 통하여 남한만의 단독정부의 수립을 주장하였고, 김구와 김규식은 이에 맞서 외국군 철수와 좌우합작을 통한 통일정부 수립을 주장하였던 것이다.

모스크바 3상회의의 결정에 따라 미소공동위원회가 조직되었다. 1946년 1월 예비회담을 거쳐 1946년 3월 제1차 미소공동위원회를 서울에서 개최하였다. 이 회담에서 소련 측은 모스크바 3상회의의 결정을 지지하는 정당 사회단체만 협의의 대상으로 삼자고 고집하고, 미국 측은 남한의 대부분의 단체는 신탁통치를 반대함으로 이들을 협의 대상에서 제외하는 것은 부당하다고 주장하여 팽팽히 맞섰다. 5월 21일에 개최된 제2차 미소공동위원회도 1차 때와 마찬가지로 협의대상 문제에 합의를 보지 못하고 8월 12일 결렬되고 말았다. 그러자 미국은 한국문제를 국제연합UN에 이관하여 해결하는 방안을 모색하였다. 물론 소련은 모스크바협정에 위반된다고 이에 반대하였으나, 유엔 총회는 41대 6의 압도적 찬성으로 한국문제를 유엔정치위원회에 회부할 것을 결의하였다. 이 정치위원회에서 미국은 남북한 대표의 선출을 위한 유엔한국임시위원단의 설치를 제안하여 가결하고, 이 안을 수정하여 1947년 11월 총회에서도 통과되었다.

그러나 북한은 유엔한국임시위원단의 입북을 거절하였다. 그러자 미국은 다시 유엔소총회에 남한만의 선거를 실시하자는 안을 제출하여 가결함으로써 1948년 5월 10일 남한총선거를 실시하게 되었다. 여기서 선출된 의원들로 5월 31일 제헌의회를 구성하고, 7월 17일 대한민국 헌법을 제정 발표하였으며, 이 헌법에 따라 제헌의원들이 간접선거 방식으로 이승만을 초대 대통령으로 선출하였다. 마침내 1948년 8월 15일

이승만을 대통령으로 하는 역사적인 대한민국 정부가 수립되었다. 그러자 북한에서도 1948년 9월 9일 김일성을 수반으로 하는 조선민주주의인민공화국을 수립하였다. 그해 12월 파리에서 열린 제3차 유엔총회는 대한민국 정부를 '유일한 정부'로 승인하였다. 그러나 이것은 남북 분단의 고착화를 의미하는 일이기도 하였다.

해방을 맞았으나

신석구 목사는 평남 용강경찰서 유치장에서 해방을 맞았다. 해방되기 3개월 전인 1945년 5월 담임하던 유사리교회에서 설교 중에 일경에게 연행되어 용강경찰서 유치장에 갇혀있었던 것이다. 대동아전쟁 전승기원예배 및 국기(일장기) 게양 지시를 따르지 않았다는 이유에서였다. 그는 요주의 인물로 항상 일경의 감시를 받고 있었기 때문에 수시로 경찰서에 불려가 조사를 받았다. 1941년 12월 일제가 하와이 미 해군 기지를 기습하여 태평양전쟁을 도발했을 때도 용강경찰서에 연행되어 1개월 넘게 유치장에 갇혀 있다가 풀려났다. 신석구 목사는 이 모든 것을 민족의 고난에 동참하는 것으로 생각하여 달게 받았다. 그러나 이번만은 70세가 넘은 나이에 유치장 생활을 하자니 너무나 힘들고 괴로웠다. 그는 7언절구 한시 몇 수로 그 심정을 달랬다.

인형의 신음

눈 어둡고 귀 먹은 일흔살 늙은이를
한 마디 망발했다고 감옥에 처넣으니
종일토록 묵묵히 인형처럼 앉아서
이 내 심사를 하나님께 호소하리

옥중 괴로움

감옥 생활이 가장 고생스러운데
하물며 늙고 쇠한 일흔살 늙은이랴
이불없이 긴 밤에 전신이 떨리고
열흘 지나도 세수도 못하니 온 얼굴이 먼지투성이
바로 옆에 있는 변소는 악취가 코를 찌르고
햇빛도 들지않아 정신이 혼미하네
목말라 물 한 잔 구해도 얻기 어렵고
매향 관인들 떠드는 소리

철문은 굳게 잠겨있고 날은 더디만 가는구나
앉아서 종소리에 밥 때를 기다리네
오늘 밤 고통은 오히려 견딜 수 있으나
내일 아침 화복은 또 어찌 알 수 있나
인생은 유한하고 운명은 피하기 어려우니
세상일 무상하여 정한 기약이 없네

偶吟

耳聾目瞽七旬翁
妄發一言投獄中
盡日默然如偶坐
也將心事訴天公

獄中苦

獄裏生涯最苦辛
況乎七十老衰人
無衾遠夜全身慄
未盥徑旬滿面塵
便所在傍侵惡臭
日光不透損精神
渴求勺水猶難得
每向官人訴語頻

鐵門重鎖日遲遲
坐數鐘聲待飯時
今夜苦勞猶可忍
明朝禍福且安知
人生有限難逃命
世事無常莫定期

신석구 자필 옥중 한시

주님의 은혜는 생각을 넘어섬을 확신하노니	確信主恩超想外
마음을 가라앉히고 묵도하며 추이를 기다리네	潛心默禱竢推移
도를 다년간 배우니 그릇이 연성되고	學道多年器鍊成
어려움 만날 때마다 은혜와 사랑 감사하네	每逢難處感恩情
온화한 기상은 봄바람처럼 따스하고	溫和氣像春風暖
담백한 정신은 물에 비친 달처럼 밝구나	淡泊精神水月明
세상 모든 형제 친구처럼 사랑해야지	四海兄弟同友愛
하늘의 별들도 영광을 함께 하네	一天星宿共光榮
작금시비를 소연히 깨달으니	昨今是非昭然覺
이로부터 마음 속이 평온함을 얻는구나	自是胸中得坦平

마침내 1945년 8월 15일 일제가 패망하고 해방이 찾아왔지만, 신석구는 바로 풀려나지 못하고 하루를 더 유치장에 머물러야 했다. 그가 풀려난다는 소식을 듣고 진남포에 살고 있던 아들 태화와 손자 성균이 용강경찰서로 찾아왔다. 그때의 일을 손자 신성균은 이렇게 회고한다.

사실 그때 저도 정신이 없었어요. 그해 3월 춘천중학교를 졸업하고, 진남포로 내려와 군대 예비소집장을 받은 후 평양 고사포부대에 입영이 내정되어 훈련까지 마치고 부대 배속을 기다리던 중에 해방을 맞은 겁니다. 나보다 두 달 전에 출생한 동갑내기까지 입영한 상황이었어요. 해방의 감격보다 전장에 나가 죽지 않게 되었다는 감격에 하루를 어떻게 지냈는지 모릅니다. 그리고 이튿날 할아버지가 갇혀 계시는 용강경찰서로 간 것입니다. 우리는 할아버님을 모시고 진남포 집으로 돌아왔습니다.

신석구 목사는 노구老軀에 유치장 생활로 심신이 지쳐 건강이 좋지 않았다. 가족들과 주변 지인들은 힘든 목회생활을 그만두고 집에서 편안히 쉬면서 회고록이나 집필하기를 권했다. 억량기교회 홍만호 장로가 집필용지 뭉치를 가져다주며 회고록 집필을 부탁하였던 것도 바로 그 무렵이었다. 그러나 신석구 목사는 아직도 일손이 부족한 목회 일선에서 떠날 생각이 없었다. 그는 어느 정도 건강이 회복되자 1945년 9월 유사리교회로 돌아갔다. 그리고 유사리교회 목회를 하면서 틈틈이 진남포나 평양으로 나가 후배 목회자들과 교계 지도자들을 만나 교회의 재건과 민주 정권의 수립에 관해 조언하고 협의하였다.

북한 정권과의 갈등

북한정권의 기독교 정책과 기독교계의 대응

8·15 직후 북한에 진주한 소련군은 일본 관리들을 억류하는 한편 친일 세력을 제거하고 공산주의자들을 중심으로 한 인민위원회를 각 도마다 결성하여 사회주의 정권 수립을 위한 준비 작업을 하였다. 그리고 1946년 2월 9일 북조선임시인민위원회가 구성됨으로써 김일성을 중심으로 하는 사회주의 정권이 탄생하였다.

  소련군과 공산 정권은 겉으로는 신앙의 자유를 인정하고 있었다. 즉 1945년 10월 12일자 북조선주둔 소련25사령관 성명서에서는 '교회에서 예배하는 일을 허가한다'고 하였으며, 1946년 3월 23일자 김일성 장군 20개조 정강에서는 '모든 인민의 언론·출판·집회 및 신앙의 자유를 보장한다'고 하였다. 그리고 1948년 9월 8일자 북조선 헌법에서는 '공민은 신앙 및 종교 의식 거행의 자유를 갖는다'고 밝히고 있다. 이처럼 형식적으로는 공화국 북반구에서는 완전히 신앙의 자유가 보장되어 있다고 하였으나 실제적으로는 그렇지 못하였다.

이 무렵 북한의 기독교인들은 자치회自治會를 비롯한 각종 단체를 만들어 해방 정국에 대처하고자 하였으므로, 그 과정에서 공산 정권과의 갈등과 마찰이 종종 나타났다.

사실 해방 이틀 뒤인 8월 17일 기독교 장로인 조만식曺晩植이 건국준비 평남위원회의 위원장으로 추대되고, 북한 각지의 교인들도 이에 호응함으로써 북한 교회는 해방 정국을 선도할 수 있는 기회를 얻는 듯하였다. 그러나 8월 24일 소련군의 평양 진주로 이러한 계획은 차질을 빚게 되었다. 이에 조만식은 11월 3일 조선민주당을 조직하고 그 당수가 되어 세력을 넓혀 나갔는데, 여기에는 많은 교회 청년들이 참여하였다. 이 단체는 북한의 기독교 단체 중에서도 가장 규모가 큰 것이었고 존속 기간도 길었다. 그러나 반공·반탁 운동에 앞장섬으로써 결국 소련군과 공산 정권의 탄압을 받게 되었으며 점차 그 성격이 변질되었다.

이와 아울러 주목할 만한 기독교 단체는 기독교사회민주당이다. 이 단체는 해방 직후 조직된 신의주 자치회를 그 모체로 하였다. 자치회는 평안북도 도지사의 요청을 받은 신의주 제2교회 한경직韓景職 목사를 중심으로 설립되었으며, 산하에 여러 부서를 두고 무장까지 하며 일대의 치안을 담당하였다. 그리고 교회 청년들이 그 활동의 중심이 되었다.

그런데 평양에 이어 신의주에도 소련군이 주둔하면서 공산당이 조직되자 이에 대처하기 위하여 그 해 9월 초 신의주 제1교회 목사 윤하영尹

박정기, 최승걸, 홍만호 등이 참석한 조선민주당 진남포시당부
삼일운동 기념식(1946. 3. 1.)

河英과 제2교회 목사 한경직韓景職이 중심이 되어 기독교사회민주당을 조직하기에 이른 것이다. 이 단체는 '민주주의정부의 수립과 기독교 정신에 의한 사회개량'을 그 정강으로 하였으며, 그 지역 교인들이 주축이 되었다.

그러나 이 단체 역시 11월 16일 용암포龍岩浦에서 열린 지부 결성 대회 때 공산당의 사주를 받은 경금속공장 직원들의 습격을 받아 큰 피해를 입게 되었다. 이에 격분한 신의주의 교인과 학생들은 11월 23일 신의주 공산당 본부와 인민위원회 본부 등에 몰려가 시위를 벌이다 수많은 사상자를 내기에 이르렀으니 이것이 바로 '신의주 학생의거'이다.

이 사건이 일어나자 소련군은 계엄을 선포하고 주모자 색출에 나섰으며, 이때 기독교사회민주당의 간부들이 대거 검거됨으로써 이 단체는 거의 해체되었다가 이후 조선민주당에 흡수되었다.

북한 교회는 1946년 3월 1일을 맞아 대대적인 3·1절 기념행사를 계획하였다. 이를 위하여 장로교의 김인준金仁俊·이학봉李學鳳·황은균黃殷均 목사, 감리교의 신석구申錫九·송정근宋貞根 목사 등이 준비하였으나 2월 7일 조직된 북조선임시인민위원회에서는 교회의 단독 행사를 금지하고 그들이 주관하는 기념행사에 참여할 것을 요구하였다. 그러나 교회로서는 이들의 요구를 받아들이지 않았으며, 이 때문에 2월 26일 새벽 평양의 교역자 60여 명이 검거되었다. 그럼에도 불구하고 체포되지 않은 몇몇 교역자들에 의하여 3월 1일 장대현교회에서 예정대로 기념 예배가 열리게 되었다. 소련군과 북한 경비대는 교회를 포위하고 해산을 종용하였으나 김길수金吉洙 목사의 사회로 예배는 무사히 마칠 수 있었다. 예배가 끝난 뒤 바로 황은균 목사의 '신탁통치 결사반대, 쏘련군 나가라, 신앙자유를 달라'는 요지의 강연이 이어졌고, 아울러 한국의 완전 독립을 위한 기도회가 열렸다. 그러자 내무서원들이 들어와 황 목사를 연행하였고, 이에 격분한 신도들은 신앙의 자유와 신탁통치 결사반대를 외치며 시위를 벌였다.

같은 날 의주 동교회東敎會에서도 인민위원회의 금지에도 불구하고 많은 교인들이 모인 가운데 김석구金錫九 목사의 인도로 기념 예배를 드렸다. 그런데 인민위원회가 주최한 기념행사에 참석하였던 군중들이 교회로 몰려와서 강단을 어지럽히고 김 목사를 끌어내어 '민족반역자', '미국의 주구走狗'라고 쓴 종이를 목에 걸고 시내를 돌아다니는 등 박해를 가하였다.

이밖에도 기독교인과 공산당원 사이의 충돌은 곳곳에서 나타났으니, 김일성·강양욱 저격 사건(1946. 3), 함흥 학생 사건(1946. 3), 평북 철산군 백량면 조민당朝民黨 사건(1946. 9), 정주 오산학교 학생 사건(1947. 5) 등이 그러한 예이다.

이러한 사건들과 아울러 공산 정권의 보다 조직화된 탄압은 일요일 선거 문제로 일어났다. 1946년 11월 3일은 북조선 도시 군인민위원회 선거의 날로 정해졌는데, 마침 이 날이 주일이었다. 어느 한 쪽이 양보하지 않는 이상 양측의 충돌은 필연적인 것이었다.

이에 이북5도연합노회에서는 당국의 처사에 항의하면서 10월 20일 다음과 같은 결의문을 제출하였다.

1. 성수주일聖守主日을 생명으로 하는 교회는 주일主日에는 예배 이외의 여하한 행사에도 참여하지 않는다.
2. 정치와 종교는 이를 엄격히 구분한다.
3. 교회당의 신성神聖을 확보하는 것은 교회의 당연한 의무요 권리이다. 예배당은 예배 이외에는 여하한 경우도 이를 사용함을 금지한다.
4. 현직 교역자로서 정계政界에 종사할 경우에는 교직敎職을 사면해야 한다.

그러나 이러한 요청이 받아들여지지 않은 채 선거는 강행되었고, 상당수 기독교인들은 결국 11월 3일의 투표를 거부하였고, 이로 인하여 공산 정권으로부터 탄압을 받게 되었다.

이 무렵 북한 정권은 기독교계를 포섭·회유할 목적으로 기독교연맹基督敎聯盟이라는 것을 조직하였는데, 이를 통하여 저들은 북한의 모든 교파를 통합하여 체제 순응적으로 만들고자 하였다.

1946년 봄에 결성된 것으로 알려진 기독교연맹은 김일성의 외척이며 평양신학교 출신인 강양욱康良煜이 중심적 역할을 하였으며, 그 성격은 다음의 성명서에 잘 나타나 있다.

1. 우리들은 김일성 정권을 절대 지지한다.
2. 우리들은 이남 정권을 인정하지 않는다.
3. 교회는 민중의 지도자가 되는 것을 공약한다.
4. 그러므로 교회는 선거에 솔선 참가한다.

즉, 이 단체는 김일성 정권을 지지하기 위한 어용 조직이었으며, 아울러 당시 일요일 선거를 격렬히 반대하던 북한 교회의 분열 및 회유를 위한 목적도 있었음을 엿볼 수 있다.

결성 당시에는 곽희정郭熙貞·이웅李雄·심익현沈益鉉·나시산羅時山·배덕영裵德英·김치근金致根 등이 참여하였으나, 평양의 교역자 중 여기에 호응하는 사람이 별로 없었다. 그러자 강양욱은 목사 출신으로서 황해도 인민위원회 간부로 있던 김응순金應珣과 중국 산동 선교사 출신인 박상순

朴尙淳, 그리고 부흥목사로 유명한 김익두金益斗를 이 연맹에 가입시킨 후 박상순을 위원장으로 추대하여 세력 확보에 나섰다. 이 연맹은 1946년 11월 28일 평양에서 중앙총회를 열고 그 명칭도 기독교도연맹으로 바꾸었으며, 김익두 목사를 위원장으로 한 임원과 위원들을 선임하였다. 이 연맹의 강령은 다음과 같다.

1. 기독교의 박애적 원칙에 기초하여 인민의 애국열을 환기하며 조선의 완전독립을 위하여 건국사업에 일치 협력할 것.
2. 민주조선 건국에 해독인 죄악과 항쟁하고 도의 건설을 위하여 분투할 것.
3. 언론·출판·집회·결사 및 선교의 자유를 보장하기 위하여 진력할 것.
4. 기독교의 발전을 위하여 매진할 것.

북한 정권의 후원을 받고 있던 기독교도연맹의 출현으로 북한 교계는 북한정권 지지 계열과 반대 계열로 양분되기 시작하였다.

기독교도연맹은 처음에는 교역자의 가입만을 요구하였으나 1949년부터는 평신도의 가입까지 요구하였고, 각지에 하부 조직을 만들었다. 그리하여 이 단체에 참여하지 않은 교역자의 경우에는 노회 회원 자격을 빼앗고 교회 활동을 할 수 없게 만들었으며, 이북5도연합노회의 주요 간부들을 일제히 검거함으로써 북한 교계를 완전히 장악하기에 이르렀다.

북한 정권이 이러한 과정에서 개교회들에 대해서 주일학교의 교육내

용과 공예배의 설교 내용까지 감시하며 이것을 문제 삼았음은 6·25전쟁 중에 미군들이 노획한 문서들을 통해서 분명히 드러난다. 1949년 1월부터 1950년 1월 사이의 상황을 보고한 이들 문서에 따르면 각 교회마다 검열자라는 감시원을 두어 주일학교 학생명단, 출석상황, 학급구성, 교수방법, 교수내용 등을 일일이 서면으로 보고하고 있다.

3·1절 기념 방송 사건과 기독교자유당 사건

북한정권도 신석구 목사의 항일투쟁 경력을 잘 알고 있었다. 그래서 평양 지역에서 유일한 3·1독립선언 민족대표 출신인 그를 내세워 자신들의 정책을 홍보하고자 했다. 신석구 목사는 북한정권으로부터 해방 후 처음으로 맞는 3·1절에 평양중앙방송에 출연하여 3·1운동에 관한 연설을 해 달라는 요청을 받았다. 그는 북한정권을 평소 못마땅하게 생각하고 있었지만, 3·1운동에 관한 연설이라면 3·1정신을 일깨울 기회라는 점에서 의미가 있다고 생각하고 허락하였다. 약속에 따라 1946년 3월 1일 방송 연설을 하기 위해서 평양방송국에 갔다. 그런데 방송국에서는 그에게 미리 준비된 원고를 주면서 그대로 읽어달라고 했다. 그 내용은 3·1운동의 의의를 폄하하고, 3·1운동과는 아무 상관이 없는 그들의 토지개혁정책을 선전하는 내용이었다. 신석구 목사는 그 원고를 무시하고 자신의 신념에 따라 생방송 강연을 했다. 그 방송을 들었던 손자 신성균은 이렇게 회고한다.

그때 우리는 방송 내용에는 관심이 없었고, 다만 할아버님께서 방송에 나온다는 사실 하나에 흥분되어 라디오에 귀를 기울였습니다. 드디어 저녁 7시 예정된 시간이 되자 라디오에서 할아버님 목소리가 흘러나왔습니다. 정확하게 기억은 하지 못하겠습니다만, 할아버님 연설 내용은 크게 세 가지였습니다.

첫째, 3·1운동을 실패한 운동이라고 자꾸 그러는데 어찌 실패한 운동이냐? 그때 모든 우리 민족이 마지막 한 순간까지 비밀을 지키고 단결하여 거사했으니 이보다 더 성공한 운동이 어디 있느냐고 하셨어요.

둘째, 공산당이 3·1운동을 주도했어야 했다고 하는데 그때 공산주의가 우리나라에 들어오기나 했느냐는 것이었어요. 러시아에서 공산혁명이 일어난 지 2년도 안 된 때에 어떻게 국내에 공산당이 조직되어 3·1운동에 참여할 수 있겠느냐는 것이지요. 도대체 토지개혁과 3·1운동이 무슨 관계가 있느냐는 것이었습니다. 할아버님 말씀이 여기에 이르자 갑자기 웅성거리는 잡음이 들리더니 갑자기 방송이 중단되었어요. 그날 할아버님 방송은 20분 예정되어 있었는데 10분 만에 중단된 것으로 기억됩니다. 할아버님은 즉시 중앙정치보위부에 연행되어 며칠 동안 조사를 받으시고 풀려나셨습니다

― 이덕주, 『신석구』

감리교회에서는 1941년 3월 정춘수 통리의 전횡으로 3부(동부, 중부, 서부)연회가 해산된 후 해방이 될 때까지 연회가 없었다. 그러나 해방이 되자 북한 지역에 있던 감리교 교역자들은 서부연회를 재건하기로 하고, 1946년 10월 평양중앙교회에 모여 서부연회를 조직하였다. 연회장

신석구 목사(1947)

에는 평양 남산현교회 송정근 목사, 부회장은 원산 중앙교회 이진구 목사, 서기는 평양 박구리교회 이피득 목사가 선임되었다. 신석구 목사는 이 연회에서 광양만교회로 파송을 받았다. 그는 그 교회에서 목회하면서 진남포나 평양 등지 교회의 초청을 받아 설교와 강연을 하기도 했다.

일제 말기에 폐교된 평양여자고등성경학교 교장이었던 배덕영 목사를 중심으로 남북이 분단된 상황에서 북한 지역의 감리교 교역자를 양성할 신학교의 설립도 추진되었다. 그는 송정근, 박대선, 윤창덕, 조윤승 목사 등과 협의하여 1946년 9월 성화신학교를 개교하였다. 이 학교에서는 한 학기 수업을 마치고 방학에 들어가기에 앞서 1946년 12월 신석구 목사를 초빙하여 1주일간의 부흥회를 개최하였다. 그 마지막 날 신석구 목사는 "나라 안의 교회인가? 교회 안의 나라인가?"라는 제목으로 설교를 했다. 그때 그 부흥회에 참석하여 설교를 들었던 박준황은 그 설교의 요지를 다음과 같이 기억했다.

1. 나는 3·1독립투쟁 당시 민족대표 33인 중의 한 사람이다.
2. 신학교에 들어오기 전에 나의 머릿속에는 교회를 통해서 나라를 되찾으려는 생각으로 꽉 차 있었다.
3. 말하자면 교회를 독립투쟁의 한 수단과 방법, 통과의례의 하나로 생각

신석구 목사의 「북조선인민위원회 성립에 대한 감상문」 초고(1947. 2.)

했었다.

4. 이제 나의 나이 72세, 37년 동안 목회 생활을 거치면서 나 자신의 머리와 심장 속에 아로새겨진 믿음은, 교회는 도구가 아니며 수단과 방법이 되어서는 안 된다는 믿음으로 꽉 차 있다.

5. 그러나 신학생 여러분도 교회를 살려서 그 열매로서 나라를 되살리는 일에 나서야 될 것이 아니겠느냐?

신석구 목사는 자신의 경험을 들어가며, 교회를 살려서, 나라를 되살리는 일 즉 기독교 구국운동에 나서라고 신학생들에게 도전하고 있는 것이다.

이런 신석구 목사에게 1947년 초 북조선인민위원회로부터 인민위원회 설립에 대한 감상을 적어내라는 통보가 왔다. 그의 사상을 검증하기 위한 것이었다. 신석구 목사는 그 의도를 뻔히 알면서도 솔직하게 북한 정권을 비판하는 감상문을 적어 보냈다. 1947년 2월에 제출한 그 감상문 초안은 다음과 같다.

북조선인민위원회 성립에 대한 감상문

기독교가 북조선에 있어서 건국에 비협력자이니 선거에 반대자이니 친미파이니 하는 주목을 받고 있는 것은 사실인데, 차시를 제하여 감상문을 쓰려함에 만일 찬성의 언어를 쓰면 진정한 호의로 보지 않고 아유구용하는 것으로 보아서 도리어 비소를 받을 것이요, 불찬성의 언사를 쓰면 정직한 충언으로 보지 않고 도리어 반동분자라는 낙인을 수할지라. 그런고로 진정한 감상을 채탐하기는 극히 곤란한지라 즉 기개인의 감상을 채탐하시는 이 보다 대중의 추세를 통찰하시는 것이 더욱 타당할 줄 아나이다. 현하 정세로 말하면 식량이 결핍하므로 인민의 생활이 극도로 곤궁하고 남북이 대립됨으로 장래에 무슨 불측할 사가 유할까하야 인심이 동요되는 것은 현저 사실이온즉 이는 깊이 우려할 바이오니 이에 대하야 조속히 선한 방침을 강구 조처하시기를 요망하는 바이옵나이다.

— 용강군 금곡면 우등리 기독교조선감리회 목사 신석구

이 무렵 평양의 기독교 지도자들을 중심으로 한 기독교정당 조직 움직임이 활발해 졌다. 처음에는 장로교와 감리교가 별도로 움직이다가 이 무렵 연합하여 1947년 2월 15일 장대현교회 김화식 목사 사택에서 시국 간담회를 개최하고 단일 기독교 정당을 조직하되 그 명칭을 기독교자유당으로 하기로 합의하였다. 이 간담회에는 장로교 측에서 김화식, 우경천, 김관주, 고한규 등이 참석하고, 감리교 측에서는 신석구 목사를 비롯하여 송정근, 배덕영 등이 참석했다.

신석구 목사는 1947년 3월 1일에도 진남포교회 최승걸 장로와 함께 진남포 도립극장에서 3·1절 기념 강연을 하고 정치보위부에 연행되어 며칠 조사를 받고 풀려났다.

기독교자유당 창당을 위한 활동도 계속되었다. 1947년 3월 장대현교회에서 창당준비위원회를 결성하고, 5월 초순에는 평양신학교 지하실에서 창당 발기인 120명이 모여 당헌과 강령까지 채택하였다. 그러나 이를 탐지한 북한당국이 1947년 6월 15일 북조선 인민정권 전복 혐의로 그 핵심 인물들을 체포하여 조사하였다. 이 때 장로교 측의 김화식 목사와 이북5도연합노회장 김진수 목사가 체포되고, 감리교 측에서는 서부연회장 송정근 목사를 비롯하여 서기 이피득 목사 등이 체포되어 조사를 받았다.

감리교 측은 연회장과 서기가 체포되어 조사를 받는 바람에 1947년 6월 서부연회가 예정대로 평양 신양리교회에서 모였으나 정상적인 회의를 진행할 수가 없었다. 그래서 회의에 참석한 연회원들 사이에서 누군가 대신 옥에 갇히고, 연회장과 서기를 석방시켜 연회를 주관하게 하자

서부연회장 시절 신석구 목사와 홍만호 장로, 이정엽 목사, 박정기 장로(1947)

는 안이 나왔다. 의논 끝에 나이도 많고 감옥 경험도 있으니 본인이 가겠다고 대신 체포되기를 자원한 신석구 목사와 러시아어를 잘 하는 현병찬 목사를 대표로 보내기로 하였다. 이에 따라 신석구 목사는 즉시 현병찬 목사를 대동하고 북조선인민위원회 내무상인 박일우를 찾아갔다. 그는 신석구 목사를 정중하게 맞으며, 사실을 파악한 다음 선처하겠다고 약속하고, 그날 밤 송정근, 이피득, 윤창덕 목사를 석방하였다. 그렇지만, 송정근 목사는 고문 후유증으로 회의를 주관할 수 없어 신석구 목사를 연회장으로 추대하여 회의를 진행했다. 부연회장은 배덕영 목사가 선임되었다. 이 연회에서는 다시 대표를 선정해서 지난 1년 동안 지방 교회들이 북한정권의 탄압을 받은 것을 인민위원회에 항의하기로 결의하고 해주의 마경일 목사, 원산의 김영철 목사, 영변의 배학철 목사를 선임하여 문교부를 방문 항의하였다. 그러나 문교부에서는 앞으로 그런 일이 절대로 없을 것이라고 약속했지만, 그곳을 나오자마자 그들을 기다리던 정치보위부 요원에게 연행되어 혹독한 심문을 받았다. 이들은 서부연회장에도 들이닥쳐 신석구 목사까지 연행해 갔다. 며칠 조사를 받고 풀려나기는 하였으나, 이 사건으로 서부연회 소속 목사들이 대거 월남하였다. 신석구 목사에게도 배까지 준비하고 월남을 권유하는 사람들이 많았으나, "북한에 남아있는 어린 양들을 이리 같은 공산당에게 맡기고 어찌 나만의 안전을 위하여 남으로 가겠느냐?"며 단호히 거절하였다. 그는 그곳에서 순교하기로 작정했던 것이다.

장로교 측의 기독교자유당 결성 논의는 김화식 목사를 중심으로 그 후에도 계속되어 고한규高漢奎 장로를 당수로 1947년 11월 19일 결당식을 갖기로 하였다. 하지만 바로 그 전날인 11월 18일 김화식을 비롯한 40여명이 검거됨으로써 끝내 그 실현을 보지 못하였다.

신석구 목사는 1948년 6월 평양 남산현교회에서 개최된 서부연회에서 문애리교회에 파송되었다. 그곳이 그의 마지막 목회지였다.

한 알의 밀알로

남북한 정권의 대립과 6·25전쟁

1948년 8월과 9월에 공식적으로 성립된 남북한 정부는 각각 그 정통성을 내세우고, 내부의 결속을 다지기 위해서 상대방에 대한 적대적 정책을 강행했다. 특히 38선을 중심으로 한 양측 군대의 잦은 무력 충돌은 조만간 전면적인 전란을 충분히 예견하게 해 주고 있었다. 당시 남측은 북진통일을, 북측은 인민해방을 호언하고 있었으며, 양측 다 무력에 의한 통일을 위해 군비확장에 총력을 경주하였다.

38선 주변에서 자주 일어나던 소규모의 군사적 충돌이 1949년 하반기에 절정에 이르렀다가 1950년 봄에 들어 좀 줄어든 듯하였으나, 북한은 1950년 6월 25일 일요일 새벽에 마침내 소련제 탱크를 앞세우고 전면 남침을 개시하였다. 그리하여 3일 만에 서울을 점령하고, 3개월 만에 대구·부산 등 경상도 남부 지역 일부를 제외한 남한 전 지역을 장악하였다. 북한의 남침 보고를 받은 미국의 트루먼Harry S. Truman 대통령은 이것을 소련의 세계적화 시도의 일환으로 보고 즉각 미군의 참전을 결정하는 한편, 유엔 안전보장이사회 소집을 요구하여 여기서 즉각 38선 이북으로 북한군이 철수할 것을 주장하였다. 그리고 6월 27일 소련이 불참한 유엔 안전보장이사회에서 군사공격을 격퇴하고 그 지역의 국제평화와 안전을 회복하는 데 필요한 원조를 대한민국에 제공할 것을 결의하였다. 그리하여 맥아더Douglas MacAthur를 총사령관으로 하고, 미군을 주축으로 하는 16개국의 국제연합군이 결성되어 참전하게 됨으로써 종전의 내전의 양상을 띠던 전란이 국제전으로 확대되었다. 3년 1개월간이나 계속되던 이 전란은 1953년 7월 27일 판문점에서 유엔군 측과 공산군 측 대표가 사전에 합의된 군사정전에 관한 협정에 서명함으로써 남북 모두에게 상처만 남긴 채 멎었다. 결국 우리 민족은 휴전선을 경계로 다시 남북으로 분단된 것이다.

진남포 4·19 사건과 재판

북한 정권에 비협조적이었던 신석구 목사를 비롯한 기독교인들은 공산당 정치보위부에 눈에 가시 같은 존재였다. 더욱이 1948년 8월과 9월에 남북이 각각 독립정부를 세워 대립하고 있던 상황에서 남한에 대해 호감을 가지고 있던 이들을 북한 정권은 그대로 두고 볼 수 없었다. 신석구 목사가 마지막으로 북한 정권에 검속된 1949년 '진남포 4·19 사건'

은 이런 시대적 배경에서 이루어진 진남포 우익민족진영 인사들을 탄압하기 위해 꾸민 '음모사건'이었다.

1949년 4월 10일경 신사복으로 말끔하게 차려입은 한 청년이 진남포 중앙감리교회 최승걸 장로를 찾아와 큰절을 하면서 이렇게 말했다.

저는 공산주의를 반대하는 서북청년단 단원인데 이남에서 비밀연락을 하기 위해서 특명을 받고 월북했습니다. 오는 5월 1일 「메이데이」를 기해 남한의 국방군이 북진해 올 것입니다. 그러면 이 때 진남포의 우익민족인사들과 청년학생들은 일제히 봉기하여 북한 공산당을 타도하는 데 국군과 협조해야 합니다. 5월 초하룻날을 기하여 진남포의 시청과 주요 건물에 인민공화국기를 대한민국 태극기로 바꾸어 놓기만 하면 모든 일이 되도록 준비되어 있습니다. 이 일을 수행하기 위해서 진남포의 우익인사들의 규합이 필요하니 장로님께서 협주해 주십시오.

최승걸 장로는 그 낯선 청년의 말이 믿기지 않아 "북조선의 조선민주주의인민공화국의 병력과 조직이 얼마나 막강한지 자네는 알고서 하는 말인가?"하고 물리쳤다. 그렇지만, 내심 그런 일이 일어나기를 기대하고 있었다. 그 청년은 그 다음날도 그를 찾아 간곡히 부탁했다.

진남포에서 믿을만한 우익 인사들 중에서도 장로님만은 믿습니다. 여기 서북청년단의 신분증이 있으니 확인해 보십시오. 그리고 이것은 이범석 장군의 신임장입니다.

신분증과 신임장까지 보이자 최승걸 장로도 믿지 않을 수 없었다. 그는 반가움에 청년의 손을 덥석 잡고 물었다.

"무엇을 어떻게 도와주면 되겠는가?" 하고

"정권이 바뀌고 행정을 개혁하자면 똑똑하고 유능한 우익인사들이 필요합니다. 시행정을 맡을만한 인물들의 명단을 하루라도 빨리 만들어 주시면 됩니다."

최 장로는 이 일은 자신보다는 평소에 신임하던 비석리장로교회 승윤홍이 맡아 하는 것이 좋겠다고 생각하여 그를 잡화상을 경영하고 있던 승윤홍에게 소개했다. 이 청년은 승윤홍에게도 말했다.

"5월 1일 메이데이를 기하여 민족진영의 봉기가 계획되고 있습니다. 그때는 내무서와 시 인민위원회의 건물에 깃발을 바꾸어 달도록 되어 있습니다. 그리고 진남포는 군항이기 때문에 남한의 국방군이 상륙할 것이므로 국방군을 환영할 준비도 해야 합니다."

승윤홍은 자신도 평소 공산주의자들의 횡포를 못마땅하게 여기던 차에 최승걸 장로의 부탁을 받고 즉시 그 청년을 자기 집에 숨겨주고 극진히 대접하면서 봉기에 협력할 인사들의 포섭에 나섰다. 명단을 작성하고 지도급 인사들로부터 찬동 서명을 받았다. 그리고 그 조직의 이름을 '국방군 환영 북조선 5도연합회 진남포지부'라고 하였다. 그리하여 감리교인으로는 문애리교회 신석구 목사, 최승걸·홍만호·이현봉 장로, 이호묵 권사, 장로교에서는 비석리교회의 송영길 목사와 승윤홍, 학교 교사이던 안인원, 은행 직원이던 김재홍, 학생 김인홍 등 30여명의 명단이 작성되었다. 명단이 완성되자 그 청년은 4월 17일 주일날 모든 준비가 끝났으니 원산에 잠복중인 지휘본부에 보고해야 한다고 하면서, 진남포에서 활동할 우익인사 명단과 동의서를 지참하고 원산으로 대표 몇 사람이 가야한다고 했다. 결국 그 청년의 말을 반신반의하면서도 승윤홍과 지산인민학교 교원 한 사람이 그를 따라 나섰는데, 평양에서 미리 대기하고 있던 정치보위부원에게 체포되었다.

이렇게 진남포지역 반공인사들의 명단을 확보한 공산당 정치보위부는 4월 19일 새벽 3시를 전후하여 신석구 목사를 비롯한 진남포 지역 인사 48명을 체포하여 가등정미소 창고에 구금하였다. 이들은 진남포 내무서에서 조사를 받았고, 평안남도 재판소에 기소되면서 평양 정치보위부 수용소로 이감되었다. 당시는 감시가 허술하여 마음만 먹으면 도움을 받아 탈출할 수 있었고, 그들의 회유에 협조를 약속하면 서약서를 쓰고 풀려날 수도 있었다. 그리고 실제로 사건 관련자 몇몇은 탈출하거나 서약서를 쓰고 풀려났다. 그러나 신석구 목사는 당당하게 그들과 맞서 오히려 그들의 회개를 촉구하였다.

"너희들은 죄 없는 사람들을 잡아다가 반동분자라는 누명을 씌워 마구 투옥 학살하니 그 죄를 어찌 다 감당하려느냐? 그러므로 김일성을 위시한 모든 정치인들은 잘못을 깨닫고 회개하여 구원을 받으라."

끝까지 남은 신석구 목사를 비롯한 최승걸 장로, 이현봉 장로 등 10여 명이 재판을 받게 되었다. 이 재판의 재판장은 당시 평안남도 재판소장이요, 허헌許憲의 큰딸로 기독교 학교인 배화여고보를 나와 일본 고베신학교에서 신학을 공부한 적이 있던 허정숙許貞琡이었다. 신석구 목사는 법정에서도 당당했다. 오히려 법정을 통해서 북한정권의 잘못을 조목조목 지적하며 비판하고 회개를 촉구했다.

"첫째, 노동자 농민을 위한다는 정치가 일제시대보다 더 비참한 생활을 한다. 둘째, 당신들은 민주주의와 자유를 말하고 있으나 인민들의 귀를 막고 눈을 가리우며 입을 봉하는 암흑정치가 무슨 민주주의인가? 셋째, 천하보다 소중한 인민의 생명을 초개 같이 알고 숙청 학살하여 조상 때부터 피땀 흘려 모은 농토와 재산을 강제로 몰수하고 추방하며, 당신들이 제정한 헌법에 종교의 자유가 엄연히 있다고 해 놓고 어찌하여 종교를 박해하는가? 넷째, 소련을 조국이라 하니 배달민족이 어찌 소련을 조국이라고 하는가? 다섯째, 모란봉을 모로토프봉이라 하고 대동강을 레닌강이라 하며 평양의 중앙통을 스탈린 거리라고 불러야 소련의 충복이 되리라 생각하는가? 여섯째, 너희들은 조선의 피와 살을 이어받은 인간이다. 그런데 양심이 있으면 조금이라도 생각하여 보라. 너희들의 비위에 조금만 거슬리면 무죄한 백성을 소위 반동분자라는 죄명을 씌워 학살하기를 다반사로 하니 너희들이 하나님의 심판을 면할 줄 아는가? 일곱째, 김일성을 비롯한 그를 추종하는 공산당 정치인들은 마땅히 회개해야 한다. 하나님을 부인하고 민중을 죄악의 길로 인도하여 생명을 아낄 줄 모르는 공산당원들은 하나님의 지엄하신 심판을 면치 못하리라."

"동무가 그런 반동의 소리를 하면 출옥하기 어렵소."

"나는 출옥하기를 원치 않는다. 38선이 터져 통일이 되기 전에는 이 북한 땅에 감옥 아닌 곳이 어디 있는가?"

신석구 목사는 이 재판에서 법정 최고형인 사형을 선고받고, 평양형

해방 후 인민교화소로 쓰였을 것으로 보이는 평양형무소

무소로 이감되었다. 정치보위부와 평양형무소에 수감되어 있을 때 여러 가지 회유책을 쓰기도 했으나, 신석구 목사는 그들과 타협하지 않았다. 이 사건은 최고재판소에 이관되어 재심 재판을 받았다. 재판장은 중국에서 조선독립동맹朝鮮獨立同盟을 조직하여 활동하다가 1945년 12월 북한으로 귀국하여 1946년 8월 북조선노동당 위원장을 맡았던 김두봉金枓奉이었다. 그도 신석구 목사가 3·1독립운동 때 민족대표 33인 가운데 한 분임을 잘 알고 있어서 어떻게든 회유하려고 노력했다. 그러나 신석구 목사의 죽음을 각오한 완강한 태도에 어쩔 도리가 없어 징역 10년형을 선고했다.

"피고의 죄과는 사형에 해당하나 3·1항일독립운동의 공로를 참작하여 징역 10년의 형을 선고한다."

그와 함께 재판을 받았던 최승걸·이현봉 장로도 10년형을 선고받았고, 송영길 목사가 8년형을, 김인홍과 여학생 2명은 각각 6년형을 선고받았다.

평양 인민교화소 수감 생활과 순교

신석구 목사는 형이 확정된 후에 평양 교외에 있는 인민교화소로 이감하여 옥고를 치렀다. 가족들은 한 달에 한 번 음식과 생필품을 차입할 때 신석구 목사를 면회할 수 있었다. 그러나 신석구 목사는 이것들마저 같이 갇혀있던 사람들에게 두루 나누어 주고, 가족에게는 '그저 많이만 넣으라'고 부탁했다. 당시 23세로 1948년 5월 결혼하여 신혼이었던 신석구 목사의 손자 신성균은 이렇게 증언한다.

> 할아버님과 동지들은 형이 확정된 후에 평양 교외에 있는 인민교화소로 옮기셨습니다. 붉은 벽돌담을 높이 쌓은 형무소였는데 할아버님께서 쓰실 물건을 차입하라고 조목별로 지정해서 매달 하순 교화소에서 엽서로 연락이 옵니다. 그러면 우리 어머님과 우리 가족은 그 품목대로 준비해서 교화소로 찾아가 할아버님을 면회할 수 있었어요. 한 달에 한 번씩 오는 그 엽서를 보고 우리는 '아직 할아버지가 살아계시구나' 생각했지요.
> 그때 할아버님 옷도 매달 넣어드렸는데 한 번도 헌옷이 빨랫감으로 나오지 않아 매번 새로 옷을 만들어 넣었어요. 추측컨대 할아버님께서는 입

으셨던 옷을 가난한 다른 수감자에게 주시고는 집에서 새로 옷을 해오라고 하신 것 같아요. 매달 할머니와 어머님이 이불 홑청을 뜯어 할아버님 옷을 만드는 바람에 우리 집에는 이불 홑청이 남아나지 않았어요. 잡수실 음식으로는 쌀 닷 되를 갈아서 가루로 만들었고, 이불 한 매, 달걀 30개, 사과 30개, 간유 두 병을 넣어드렸는데 달걀과 사과는 대부분 다른 수감자들에게 나눠주시곤 했어요. 가족이 면회 가서, '필요한 것이 있으세요?' 하면 할아버님은 '그저 많이만 넣어라' 하셨어요. 수감자들에게 나누어 주려는 것이었어요.

1950년 6월 25일 6·25전쟁 일어나고 상황이 더욱 악화되었다. 진남포에 있던 가족들도 더 심한 감시와 핍박을 받았다. 7월 하순 경에는 진남포상공학교에 다니던 둘째 손자 영균이 조선민주청년동맹에 가입하지 않는다는 이유로 학생들에게 집단 구타를 당해 폐출혈로 사망했다. 신석구 목사의 마지막 면회는 9월 초 며느리와 태어난 지 14개월 된 증손녀를 업고 손자며느리 조명숙이 했다. 그리고 그달 26일 평양 인민교화소에서 신석구가 사용할 차입품을 마련해 오라는 '차입 통지 엽서'가 진남포 집으로 왔다. 가족들은 차입품을 준비하여 10월 2일부터 평양 유성리에 있던 사돈 조윤승 목사 집에 머물면서 매일 교화소에 갔으나, 면회는 허락되지 않았다. 유엔군의 북진으로 행정 치안 체계가 무너진 평양 인민교화소는 면회를 허용할 수 없었던 것이다.

유엔군은 10월 18일 밤 대동강을 건너 평양에 들어와 19일 평양을 완전히 점령하고, 공산군은 퇴각하였다. 그날로 교화소 문이 열려 신석구 목사의 아들과 손자가 교화소를 찾아갔으나, 교화소는 이미 철수하고 텅 비어있었다. 교화소에 수감되어 있던 정치범 가족들이 몰려와 수감자들의 시신이라도 찾으려고 우왕좌왕했다. 그들 중 어떤 사람이 "10일에 교화소 안에서 총소리가 들렸다"고 전했다. 신석구 목사의 가족들은 이 이야기를 근거로 10월 10일 신석구 목사도 수감자들과 함께 처형된 것으로 알고 있으나 교화소 안에는 폭격으로 파괴된 건물 잔해들과 집기들만 어지러이 널려있을 뿐 시신도 남아있지 않았다. 아마도 그들이 철수할 때 방패막이로 데리고 가다가 처형했을지도 모른다. 그리고 실제로 그런 사람들의 시체가 곳곳에서 대거 발견되기도 했다.

결국 신석구 목사의 아들 태화는 아버지의 시신을 찾지 못하고 진남포 집에 돌아와 몸져눕고 말았다. 곧이어 10월 21일 유엔군이 진남포에도 들어왔으나, 10월 25일 중공군의 참전으로 유엔군이 다시 밀리기 시작했다. 12월 2일부터 평양 철수가 시작되어 12월 4일에는 평양을 완전히 공산군에게 내어주고 진남포를 통해서 철수했다. 신석구 목사 가족들도 그날 밤 피난선을 타고 부산으로 피난했다. 그러나 신석구 목사 부인은 그 피난선을 타지 않고 진남포에 남았다. "목사님 시신도 못 찾았는데, 어떻게 나까지 피난을 떠나겠느냐"면서 한사코 가족들의 피난 권유를 물리쳤다.

신석구 목사를 기리며

우리 정부는 1963년 3월 1일 신석구 목사에게 건국공로훈장 복장을 추서했다. 그리고 1968년 7월 9일 국무회의에서 신석구 목사의 묘를 동작동 국립묘지 애국선열 묘역에 조성하기로 결의하고, 9월 18일 유품(안경과 유묵)을 시신 대신 안장하는 의관장衣冠葬으로 묘를 조성하고 묘비를 세웠다.

충청북도에서도 청주시 수동에 3·1공원을 조성하고, 민족대표 33인 가운데 충북 출신 손병희孫秉熙(1861~1922), 신홍식申洪植(1872~1939), 권동진權東鎭(1861~1947), 권병덕權秉悳(1867~1944), 신석구申錫九(1875~1950), 정춘수鄭春洙(1873~1953, 친일논란으로 1996년 2월 철거) 6인의 동상을 세워 1980년 8월 15일 광복절에 제막하였다.

신석구 목사의 삶의 여정은 결코 유복하지도 평탄하지도 않았다. 그가 살았던 시대가 그랬고, 그가 처한 환경이 그랬다. 그러나 그것은 운명처럼 주어진 삶이라기보다는 그가 선택한 삶이기도 하였다. 그는 삶의 고비고비에서 그의 양심의 소리에 귀를 기울였고, 그 양심의 소리에 따랐다. 그의 삶의 목표는 입신출세나 세속적인 성공이 아니라, 그가 어려서부터 아버지와 할아버지로부터 훈육 받은 대로 옳은 사람이 되는 것이었다. 그가 1907년 기독교에 입신한 것도 이것을 위한 것이었고, 그가 목회자가 되기로 결심한 것도 이것 때문이었으며, 3·1독립선언서 서명에 참여하고 옥고를 치른 것도 이것을 위한 실천이었다.

신석구 목사는 어떤 사람인가? 우선 가장 먼저 떠오르는 것이 3·1독립선언서에 서명한 민족대표 33인 가운데 한 사람이라는 것이다. 그가 일제강점기 기독교 선교사들의 정교분리 정책을 극복하고 기도하는 가운데 신앙적 결단으로 죽음을 각오하고 민족대표로 참여한 것은 참으로 대단한 일이다. 그러나 이 뿐만이 아니다. 그는 일제 경찰과 검찰의 심문 과정에서도 당당하게 우리 민족 독립의 정당성을 주장했을 뿐만 아니라 법정에서도 판사에게 대들어 제재를 받기도 하였다. 우리 민족의 독립을 위해 죽기로 각오한 사람이 무엇인들 못하겠는가?

신석구 목사는 이 일로 징역 2년의 중형을 선고받고, 2년 8개월의 옥고를 치르고, 만기 출옥한 후에도 이른바 '요시찰인'으로 지정되어 일제 경찰의 감시와 간섭이 끊이지 않았지만, 자신의 '기독교 구국론'에 입각한 목회활동을 계속하였다.

1930년대 일제가 대륙침략을 재개하고 강요하던 신사참배에 대하여 그가 소속된 감리교회에서는 순응하는 태도를 보였지만, 그는 이를 끝까지 자신도 반대할 뿐만 아니라, 교인들에게 그렇게 가르치고 설교하여 1938년 7월 천안경찰서 유치장에 2개월이나 감금 생활을 했다. 그는 이러한 고난을 피하려 하지 않고 오히려 민족의 고난에 동참하는 것으로 생각했다.

1940년대에 들어 3·1독립선언의 동지인 정춘수 목사의 변절과 그가 소속된 감리교회의 부일협력 활동에 반대하다 주관자 면직 처분까지 받았지만, 끝까지 이에 굴하지 않았다. 그러다가 1945년 5월 담임하던 유사리교회에서 설교 중에 일경에게 연행되어 평남 용강경찰서 유치장에서 해방을 맞았다.

청주 삼일공원에 세워진 신석구 동상

    해방이 되고서도 해방과 동시에 남북이 분단되고, 북한정권이 기독교계와 대립하면서 월남하지 않고 북에 남아있던 신석구 목사의 고난은 더 깊어졌다. 1946년 3월 3·1절 기념방송 사건, 1947년 6월 서부연회 사건 내지 기독교자유당 사건 등으로 정치보위부에 끌려가 수난을 당했고, 1949년 4월 '4·19 사건'으로 1심에서 사형 선고를 받고, 재심에서 징역 10년의 교화형을 받고, 평양 교외에 있는 인민교화소에서 복역하였다. 그러다가 6·25전쟁이 일어나고, 유엔군의 북진으로 인민군이 퇴각하면서 1950년 10월 10일경 신석구 목사도 그곳 수감자들과 함께 처형되었다. 결국 그는 민족의 고난을 온몸으로 짊어지고 순교, 순국한 것이다. 기독교를 믿은 이후 신석구 목사의 공생애는 한마디로 한다면 우리 민족의 자유와 독립을 위한 희생의 삶이었다고 할 수 있을 것이다.

한 사람의 위대성은 그 삶이 말해준다. 그런 의미에서 신석구 목사는 그 삶이 말해주듯이 분명 우리 민족의 위대한 지도자 가운데 한 사람이다. 어떤 지도자였는가? 섬기는 지도자, 자신을 희생하여 몸소 모범을 보인 지도자였다. 그는 항상 양심의 소리에 귀를 기울이고, 그것에 따르는 삶을 살았다. 그 양심의 소리는 그의 역사적 소명감이었고, 그는 거기에 충실했다. 그의 삶은 그런 결과이다. 그는 그의 애국 애족 항일정신을 민족의 고난에 동참함으로 나타냈다. 그리고 언제나 언행이 일치하는 올곧은 삶을 살았다. 더욱이 그는 불의의 세력과 결코 타협하지 않고, 시세에 영합하지 않는 삶을 살았다. 우리가 그를 기억하고 기리는 것은 바로 그 때문일 것이다.

신석구의 삶과 자취

1875	5월 3일(음), 충청북도 청주군 미원면 개동에서 아버지 신재기申在綺와 어머니 청해靑海 이씨 사이에서 2남 3녀 중 차남으로 출생
1881	어머니 별세
1882	한문 수학
1884	할아버지 신광소申光紹 별세
1886	양부였던 큰아버지 신재주申在周 별세
1887	소학 공부
1889	아버지 신재기申在綺 별세. 할머니 별세
1892	유부녀와 동거 생활을 하다가 『격몽요결』을 읽고 불륜생활 청산
1893	사숙을 차리고 훈장으로서 아이들을 가르침
1897	전주 이씨 치헌致憲의 딸과 결혼
1899	군수집에 들어가 아들을 가르치다가 10개월만에 사직
1900	농사일을 함
1901	친구 김진우와 전당포 사업 시작
1906	8월, 전당포 사업 망하고 친구 대신 3개월 감옥살이 11월, 병보석으로 풀려난 후 거짓으로 사망신고를 하고 고향을 떠남
1907	4월, 서울에서 친구 김규흥의 소개로 윤자정의 자제를 가르침. 친구 김우진을 따라 장단 고랑포에 약국을 차림 7월 14일, 친구 김진우의 전도로 개종을 결심하고 고랑포교회에 출석, 남감리회 순행전도사 정춘수의 권유로 개성으로 이주하여 선교

	사 리드의 어학교사가 됨
1908	3월 29일, 개성남부교회에서 선교사 왓슨에게 세례를 받음
	4월, 감리교협성신학교 입학
	7월 5일, 개성남부교회 주일학교 교사
	12월 6일, 개성남부교회 주일학교 교장
1909	2월 1일, 홍종숙의 추천으로 개성북부교회에서 전도 사역 시작
	5월 19일, 개성북부교회 권사
	7월 29일, 화장사 산기도 중 중생 체험
1910	9월, 남감리회 송도지방회 전도사 면접에서 부채 60원 고백하고 낙방
	10월 11일, 홍천구역 파송
1911	인제교회 부흥회 인도
	9월 30일, 『7월 14일, 그리스도회보』에 "시작하였으면 끝까지 볼 것" 게재
1912	5월 15일, 『빌립보서 주석』 번역 간행
	7월 15일, 『그리스도회보』에 "신자의 거듭남" 게재
	9월 12일, 남감리회 매년회에서 전도사 직첩을 받음
1914	8월 24일, 가평구역으로 파송
1915	10월 4일, 춘천지방 순행 전도사로 파송
1917	6월 13일, 『기독신보』에 한시 "진달래와 질경이 문답" 게재
	9월 24일, 남감리회 매년회에서 집사 목사 안수
	11월, 『신학세계』에 "신信으로 득구得救하는 도리道理" 게재
1918	11월 4일, 남감리회 한국연회에서 서울 수표교교회로 파송
1919	2월 19일경 오화영 목사에게 독립운동 참가 요청받음
	2월 28일, 새벽기도회에서 하늘의 음성을 듣고 민족대표 서명에 동참

	3월 1일, 태화관에서 독립선언식에 참석하고 경무총감부에 구속 수감
	3월 14일, 서대문형무소로 이감
	5월 5일, 경성지방법원 예심 신문
	8월 1일, 경성지방법원 예심 종결
	8월 26일, 고등법원 특별형사부 예심 신문
1920	3월 22일, 고등법원 특별형사부 예심 종결
	7월 12일, 경성지방법원 민족대표 공판 시작
	8월 9일, 경성지방법원 공소불수리 결정
	9월 20일, 경성복심법원 항소심 공판 시작
	9월 22일, 경성복심법원 공판에서 신석구 신문
	10월 12일, 경성복심법원에서 징역 3년 구형
	10월 30일, 경성복심법원에서 징역 2년 선고, 상소 포기, 형 확정 후 경성형무소로 이감
1921	11월 4일, 만기 출옥
	11월 15일, 원산 남촌동 상리교회(원산중앙교회 전신)로 파송
1922	1월 31일, 서울 자교교회에서 "오인吾人의 최급무最急務"라는 제목으로 설교
	2월 5일, 서울 자교교회에서 "복福된 소식消息"이라는 제목으로 설교
	3월 16일, 감리교협성신학교 졸업(제8회)
	5월, 『신학세계』에 "우리의 죄罪" 게재
	7월, 『종교계 저명사著名士 강연집』에 설교문 "기독교와 사명" 실림
	11월, 원산 산제동에 목사 사택 건축
1924	9월 1일, 남감리회 연회에서 보아스 감독에게 장로 목사 안수
1925	9월 8일, 고성구역으로 파송
1926	7월 28일, 연희전문학교에서 열린 장감연합 목사수양회 강사로 참

	여하여 "교역자의 필요한 것"이라는 주제로 강연
	8월 25일, 『기독신보』에 장감연합 목사수양회에서 강연한 "교역자의 필요한 것" 게재
	9월 6일, 춘천읍교회로 파송
	10월 20~26일, 서울 승동교회 부흥회 인도
1927	7월, 서울 중앙전도관 전도 집회 인도
	8월 10일, 『기독신보』에 "하나님과 동사함" 게재
	9월 11일, 조선중앙기독교청년회(YMCA)에서 "생의 기초"라는 제목으로 주일 설교
	9월 13일, 가평구역으로 파송
1928	9월 9일, 경성지방 부흥사업에 파송
	9월 30일, 조선중앙기독교청년회(YMCA)에서 "그리스도 안에 자유"라는 제목으로 강연
1929	9월 9일, 철원교회에 파송
1930	황해도 한포구역 파송
	12월 2일, 남감리교회 목사 대표로 기독교조선감리회 창립총회에 참석
1931	6월 19일, 강원도 이천교회 파송, 이안지방 감리사 겸임
1932	1월 20일, 『기독신보』에 수필 "송구영신送舊迎新의 감感" 게재
	8월 17일, 『기독신보』에 "「예수와 자연」에 대한 반문" 게재
1933	10월 24~27일, 이천읍교회에서 이안지방 교역자 수양회 개최
1934	2월 16~20일, 안협읍교회 부흥사경회 인도
	2월 21~25일, 안협구역 하수회리교회 부흥사경회 인도
	11월 21~30일, 이안지방 선교 50주년 기념 부흥사경회 인도

	12월 14~20일, 가여주교회 창립 50주년 기념전도대회 인도
1935	3월 6일, 『기독신보』에 수필 "대우주의자大愚主義者를 요구" 게재
	5월 1일, 연회에서 천안교회 파송, 천안지방 감리사 겸임
	11월 6일, 『기독신보』에 "설교의 중요성" 게재
1936	6월 21일, 천안읍교회에서 「신석구 감리사 성역 30주년 기념식」 거행
	11월 30~12일, 감리교신학교 수양회 인도
1938	7월, 흥업구락부 사건과 신사참배 반대로 천안경찰서에 2개월간 구류, 등창으로 석방
	10월 1일, 총리원에서 20년 이상 시무 교역자로 선정되어 표창
1939	3월 8일, 천안지방회 「신석구 감리사 사은회」 개최
	5월 1일, 『조선감리회보』에 "하나이 되자" 게재
	5월 10일, 진남포지방 신유리교회로 파송
1940	5월, 『희년기념설교집』에 "봉사와 희생" 수록
1941	3월 10일, 총회에서 정년은퇴식 거행, 은퇴 후에도 신유리교회의 청원에 의해 '대리 교역자'로 파송
1943	반反 혁신교단 운동에 참여
1944	4월, 일본기독교 조선감리교단에서 목사직(주관자) 면직 통보, 그 후 신유리교회 교인들이 교단 명령에 불복하자 유사리교회로 임시 파송
1945	5월, 전승기원예배 및 일장기 게양 지시를 거부하여 용강경찰서에 구금
	8월 16일, 용강경찰서에서 석방
	9월, 유사리교회에 복귀

1946	3월 1일, 평양중앙방송 3·1절 기념 방송 사건으로 정치보위부에 연행
	10월, 서부연회에서 광양만교회로 파송, 기독교민주당 창당에 참여
	10월, 평양 성화신학교 학생 부흥회 인도
1947	2월 15일, 기독교자유당 창당 결의에 참여
	2월, 북조선인민위원회에 공산당 정책을 비판한 「감상문」 제출
	3월 1일, 진남포 도립극장에서 3·1절 기념 강연을 하고 정치보위부에 연행
	7월 6일, 기독교자유당 사건으로 투옥된 교역자 석방을 위해 소련군 사령부 항의 방문
	6월, 서부연회장 선임, 연회 직후 정치보위부에 연행
1948	6월, 서부연회에서 문애리교회로 파송
1949	4월 19일, '진남포 4·19 사건' 주모자로 문애리교회 사택에서 연행, 기소되어 평남재판소에서 사형선고, 최고재판소에서 10년 징역형 선고, 평양 인민교화소에서 복역
1950	9월, 초순 가족들이 인민교화소에서 마지막 면회
	9월 26일, 인민교화소에서 마지막 '차입 통보' 엽서 배달
	10월 10일, 인민교화소에서 살해된 것으로 추정
	10월 19일, 인민교화소에서 시체를 확인하려 했으나 실패
	12월 4일, 부인만 남고 가족 월남
1963	3월 1일, 대한민국 정부 건국공로훈장 추서
1968	9월 18일, 동작동 국립묘지 애국선열 묘역에 의관장 거행
1980	8월 15일, 청주 3·1공원 동상 제막

참고문헌

신석구의 저술 목록

- 「교역자의 필요한 것」, 『기독신보』 1926. 8. 25.
- 「기독교와 사명」, 『종교계 저명사 강연집』, 1921.
- 「大愚主義者를 要求」, 『기독신보』 1935. 3. 6.
- 「봉사와 희생」, 『희년기념설교집』, 1940.
- 『빌닙보주석』, 동양서원, 1912.(번역서)
- 「설교의 중요성」, 『기독신보』 1935. 11. 6.
- 「송구영신의 感」, 『기독신보』 1932. 1. 20.
- 「시작하면 끝까지 볼 것」, 『그리스도회보』 1911. 9. 30.
- 「信으로 救得하는 道理를 論함」, 『신학세계』, 1917. 11~1918. 1.
- 「신자의 거듭남」, 『그리스도회보』 1912. 7. 15.
- 「십자가에 대한 冥想」, 『신학세계』 1937. 3.
- 「'예수와 자연'에 대한 반문」, 『기독신보』 1932. 8. 17.
- 「우리의 죄」, 『신학세계』, 1922. 5.
- 「자서전」(친필 원고)
- 「하나님과 동사함」, 『기독신보』 1927. 8. 10.
- 「하나이 되자」, 『조선감리회보』 1939. 5. 1.
- 「희생적 봉사에 있다」, 『기독신보』 1930. 1. 1.

자료

- 『감리회보』.
- 국사편찬위원회 편, 『한민족독립운동사자료집』(삼일운동).
- 『그리스도회보』.
- 『기독신보』.
- 『동아일보』.
- 『매일신보』.
- 『신학세계』.
- 양주삼 편, 『조선남감리교회 30년 기념보』, 조선남감리교회전도국, 1930.
- 은재신석구목사추상자료집 편찬위원회 편, 『3·1 독립운동 민족대표 殷哉 申錫九 牧師 追想資料集』, 은재신석구목사추상자료집편찬위원회, 2008.
- 이병헌 편저, 『삼일운동비사』, 시사시보사출판국, 1959.
- 『조선감리회연회록』.
- 『조선일보』.
- 『조선총독부관보』.
- 한국감리교사학회 편, 『신석구목사 자서전: 민족대표 33인의 일인 신석구』, 감리회본부교육국, 1990.

저서

- 김요나, 『순교자 신석구 목사』, 대한예수교장로회 순교자기념사업부, 1999.
- 김재황, 『거성 은재 신석구 목사 일대기』, 대구제일교회, 1988.
- 아현중앙감리교회 편, 『6·25와 한국 감리교회 순교자』, 감리교신학대학교출판부, 2006.
- 윤춘병, 『감리교서부연회수난사』, 기독교대학감리회 원로목사회, 1987.
- 이덕식, 『순교자 신석구 목사와 주기철 목사의 영성과 설교』, 기쁜날, 2005.

- 이덕주, 『신석구 연구』, 기독교대한감리회 홍보출판부, 2000.
- 이덕주, 『신석구』, 신앙과 지성사, 2012.
- 이성삼, 『감리교와 신학대학사』, 한국교육도서출판사, 1975.

논문

- 배승관, 「은재 신석구 목사의 영성」, 감리교신학대학교 대학원 석사학위논문, 2003. 2.
- 백병권, 「신석구목사의 생애와 민족운동 연구」, 牧園大學校 神學大學院, 석사학위논문, 1998. 2.
- 신현우, 「은재 신석구 목사의 생애와 사상: 신비주의와 사회성화를 중심으로」, 監理敎神學大學校 神學大學院 석사학위논문, 1995. 8
- 유경동, 「은재(殷哉) 신석구 목사와 기독교윤리」, 『神學과 世界』통권 제66호(2009. 겨울), 2009. 12.
- 유준기, 「3·1 독립운동과 기독교계 민족대표의 활동: 양전백·신석구를 중심으로」, 『總神大論叢』 제25집, 2006. 2.
- 이경환, 「초기한국 기독교인들의 개종체험에 관한 연구: 최병헌, 길선주, 신석구를 중심으로」, 監理敎神學大學校 神學大學院, 석사학위논문, 1999. 2.
- 이덕식, 「신석구 목사의 목회에 나타난 영성연구」, 『호서원우논단』제8집, 2004. 12.
- 이덕식, 「일제시대 한국교회 설교 연구: 신석구목사, 주기철목사를 중심으로」, 호서대학교 연합신학전문대학원, 박사학위논문, 2005. 2.
- 임일호, 「십자가 신학에 비추어본 루터와 신석구 연구」, 감리교신학대학교 대학원 석사학위논문, 2003. 2.
- 허돈, 「은재 신석구 목사의 민족의식 재고찰: 3·1 독립만세운동을 중심으로」, 協成大學校 神學大學院 석사학위논문, 1998. 8.

찾아보기

ㄱ

가미다나 106, 107
가와기시 125
가우처 19
가평읍교회 60
갈홍기 134
감리교협성신학교 89
감리교회신학교 128
『감리회보』 119
강기덕 76, 79
강양욱 153, 154
강조원 134
개성남부교회 53, 56
개성북부교회 56, 57, 59
갬블 58
격몽요결 23
경성복심법원 78, 79, 80
경성지방법원 77
경성형무소 80
고등법원 77
고랑포교회 52, 53
고종 12
곽희정 154
광양만교회 158
광혜원(제중원) 20

구로다 13
구성서 123, 125
국권회복운동 33, 45, 51
국민의용전투대 140
국민정신총동원 121
국민정신총동원 기독교조선감리회연맹 123
국민총력 교구 교회 연맹 126
국민총력 기독교조선감리회연맹 124, 127
국민총력 조선감리교단연맹 128
국민총력 조선연맹 141
국제연맹 64, 103
국제연합 144
권동진 65, 79, 174
권병덕 79, 174
기독교 구국론 92, 99, 110
기독교 구국운동 160
기독교도연맹 155
기독교사회민주당 150, 151, 152
『기독교신문』 132
기독교연맹 154
기독교자유당 161, 163
기독교조선감리교단 130
기독교조선감리회 101, 109
『기독신보』 94, 110

기독신우회 94, 97
기퍼드 20
길선주 67, 80
김관식 141
김구 143
김규식 65, 67, 143
김규흥 46
김길수 152
김길창 122
김대우 121
김도태 67, 76, 80
김두봉 170
김병조 76
김사용 67
김석구 153
김세환 76, 80
김승희 68
김영섭 122, 123, 125
김영철 163
김옥균 15, 18, 19
김완규 79
김원벽 76, 79
김윤식 14
김응태 141
김익두 155
김인영 목사 98, 128
김인준 152
김인홍 167, 171
김일성 143, 145, 153, 154
김재홍 167
김종우 122
김지환 76, 80

김진우 36, 47, 48, 54
김찬흥 89
김창준 68, 79
김치근 154
김홍규 76, 80
김홍집 18
김화식 161, 163

ㄴ

나가사키 125, 128
나시산 154
나용환 79
나인협 79
남궁억 32
남산현교회 163
남한총선거 144
노헌영 76, 80

ㄷ

다니엘 91
다케조에 16, 17
대두정교회 135
대부흥운동 45
대원군 12, 14
데이비스 20
독립선언서 76
독립선언식 73
『독립신문』 32
『동아일보』 85, 87, 100
동화정책 104

ㄹ

러일전쟁 43, 48
레이놀즈 20
루씨여학교 60
리드 21, 54
리튼 조사단 102

ㅁ

마경일 163
마스나가 쇼이치 108
마펫 20
만주사변 104
매케이 20
매클래이 19
맥길 20
맥아더 165
멘지즈 20
묄렌도르프 15
무단통치 84
문애리교회 118, 139, 163, 167
문화정치 84
미소공동위원회 144
미우라 31, 32
민겸호 14
민병석 18
민영목 18
민영익 18, 19
민왕후(명성황후) 14, 31
민찬호 65
민태호 18

ㅂ

박대선 158
박동완 68, 72, 79, 87
박상순 154
박연서 123, 125
박영교 19
박영효 17~19
박원명 28
박인호 76, 80
박일우 162
박준승 79
박준황 158
박현환 67
박희도 66, 68, 69, 79, 87
배덕영 목사 158, 162
배학철 163
백관수 65
백남훈 98
백시찬 67
백용성(백상규) 79
변홍규 130
부여신궁 109
북조선인민위원회 160, 162
북조선임시인민위원회 152
불평등조약 13
비석리교회 167

ㅅ

사이고 12
사이토 마코토 84
3·1공원 174

상리교회 89
새문안교회 20
서경조 20
서광범 18, 19
서대문형무소 80
서부연회 157, 161
서상륜 20
서재필 19, 32
서춘 65, 67
선우혁 64, 67
성화신학교 158
세브란스병원 66, 67
세토 107
셔우드 20
손병희 66, 73, 79, 174
손정도 67
송계백 65
송영길 167, 171
송정근 목사 152, 158, 161, 162
송진우 67, 76, 80
쇄국정책 12
수양동우회 97
수표교교회 56, 69, 89
숭실학교 43
스크랜톤 20
승동교회 71, 95
승윤홍 167, 168
시국대응신도대회 125
신간회 85, 86, 87
신광소 22
신민일 10
신민회 43

신사교회 126
신사운 11
신사참배 109, 115~117, 119, 122, 124
신석우 85
신성균 137
신숭겸 10, 11
신유리교회 118, 139
신윤 11
신재기 10, 11
신정찬송가 129
신탁통치 143, 144
『신학세계』 82, 90, 94
신한청년당 64
신헌 13
신호 10, 11
신홍식 68, 69, 79, 87, 174
신흥리교회 135
신흥우 122, 125, 128
심명섭 125
심순택 18
심익현 154
심전개발 105

ㅇ

아관파천 32
아베 122
아펜젤러 20
안세환 68, 76, 80
안재홍 85
안태국 43
안협읍교회 113

알렌 19
애국계몽운동 33
야기 124
양기탁 43
양전백 목사 67, 79, 87
양주삼 69, 115, 116, 119, 121~123, 125
양한묵 77
억량기교회 135, 148
언더우드 20
엘러즈 20
여운형 64, 143
연희전문학교 94
예수교서회 96
오노 107
오산학교 67
오세창 65, 66, 79
오장경 14, 15
오쿠보 12
오화영 57, 68, 71, 79, 97, 98
왓슨 56, 58
운요호사건 12
원산중앙교회 69
원세개 14
원익상 134
윌슨 63
유경상 89
유길준 19
유동열 43
유명근 68
유사리교회 139, 145, 148
유시국 134

유엔한국임시위원단 144
유여대 79
유형기 122, 123, 125
유흥기 16
윤자정 46
윤창덕 158, 162
윤창석 65
윤치호 32, 69, 115, 122
윤하영 150
윤행임 11
율곡 이이 23
은행리교회 109
을사늑약 33, 43
의관장 174
「의용병역법」 140
이갑 43
이갑성 68, 72, 79
이경섭 76, 79
이규석 10
이노우에 31
이대위 97, 98
이동녕 43
이동욱 123, 125, 134
이동응 134
이동휘 43
이명룡 79, 87
이명직 122
이북5도연합노회 153
이상설 43
이상재 89
이승만 65, 143, 145
이승훈 43, 66~69, 79, 97

찾아보기 191

이시웅 98
이용설 97, 98
이용태 28
이웅 154
이위종 43
이윤영 122
이인환(이승훈) 79
이조연 18
이종일 79
이종훈 79
이준 43
이진구 목사 158
이천읍교회 109, 113
이치헌 34
이피득 158, 162
이필주 68, 71, 79, 87
이학봉 152
이현봉 167, 168, 171
인민교화소 171, 172
일본기독교연맹 121
일본기독교 조선감리교단 131, 132
일본기독교 조선교단 141
일본메소디스트교회 121, 122
임규 76, 80
임영빈 123
임예환 79
임오군란 13

ㅈ

자교교회 92
장감연합교역자수양회 94

장대현교회 43, 152, 161
장덕수 64
장로회신학교 66
장이욱 98
저다인 59
전덕기 43
전봉준 28
전영택 65
전진규 125
전킨 20
전필순 97, 98, 130
정공빈 20
정노식 76, 80
정동교회 20, 71, 112
정동예배당 127
정동제일교회 113
정동제일예배당 122
정미7조약 43
정인과 97, 98
정춘수 52, 53, 56, 69, 79, 97, 98, 100, 122, 123, 125, 128, 130, 133, 135, 137, 138, 157, 163, 168, 170, 174, 175
정태용 83
정한경 65
정한론 12
제헌의회 144
조만식 97, 98, 150
조명숙 172
조병갑 28
조병옥 97, 98
조선감리교회 119
조선독립동맹 170

조선민주당 150
조선민주주의인민공화국 145
조선민주청년동맹 172
조선신궁 121, 128
조선신사제도 106
조선일보 85
조선중앙기독교청년회 95
조선혁신교단 130
조영하 18
조윤승 158
조일수호조규 13
종교교회 69, 93, 95, 99
지하리교회 113
진남포 4·19 사건 165
진남포교회 161
진남포중앙교회 135, 166

ㅊ

천안읍교회 113, 117
천흥교회 113
철원읍교회 99
청일전쟁 31
최근우 65
최남선 66, 67, 76, 79
최린 65, 66, 68, 79
최명오 20
최병헌 89
최성모 68, 72, 79, 87
최승걸 161, 166~168, 171
최팔용 65
최활란 123

춘생문사건 32
치안유지법 85
친청수구파 16

ㅋ

크램 56, 57

ㅌ

태평양전쟁 145
테이트 20
트루먼 165

ㅍ

파리강화회의 64, 65
페리 20
평양신학교 43
평양여자고등성경학교 158
평양중앙교회 157
평양형무소 170
포세트 20
포츠담선언 142

ㅎ

하디 53
하라모토 125
하수회리교회 113
하워드 20
학봉리교회 109
한경직 150, 151

한규직 18
한병익 76, 80
한영서원 58
한용운 79
함태영 66, 67, 68, 72, 76, 79
허정숙 168
허헌 87, 168
헌병경찰제 44
혜론 20
헨드릭스 21
혁신교단 131, 135
혁신조항 126
현상윤 65, 76, 80
현석칠 89
협성신학당 56
홀 20
홍계훈 29
홍기조 79
홍만호 장로 135, 148, 167
홍명희 85
홍병기 79
홍영식 17~19
홍종숙 56
홍천읍교회 59, 60
홍택기 122
황국신민화운동 104
황도문화관 134
『황성신문』 38
황은균 152
황치헌 98, 125
후루가와 124
흥업구락부 97
히치 59, 60

자유독립을 위한 밀알 신석구

1판 1쇄 인쇄 2015년 12월 10일
1판 1쇄 발행 2015년 12월 20일

글쓴이　　김승태
기　획　　독립기념관 한국독립운동사연구소
펴낸이　　윤주경
펴낸곳　　역사공간
　　　　　주소: 서울특별시 마포구 동교로 142-11 플러스빌딩 3층
　　　　　전화: 02-725-8806, 팩스: 02-725-8801
　　　　　E-mail: jhs8807@hanmail.net
　　　　　등록: 2003년 7월 22일 제6-510호

ISBN 979-11-5707-071-8 03900

- 잘못된 책은 바꿔 드립니다.
- 이 도서의 국립중앙도서관 출판예정도서목록(CIP)은 서지정보유통지원시스템 홈페이지 (http://seoji.nl.go.kr)와 국가자료공동목록시스템(http://www.nl.go.kr/kolisnet)에서 이용하실 수 있습니다.(CIP제어번호: CIP2015034935)

역사공간이 펴내는 '한국의 독립운동가들'

독립기념관은 독립운동사 대중화를 위해 향후 10년간 100명의 독립운동가를 선정하여,
그들의 삶과 자취를 조명하는 열전을 기획하고 있다.

001 근대화의 선각자 - 최광옥의 삶과 위대한 유산
002 대한제국군에서 한국광복군까지 - 황학수의 독립운동
003 대륙에 남긴 꿈 - 김원봉의 항일역정과 삶
004 중도의 길을 걸은 신민족주의자 - 안재홍의 생각과 삶
005 서간도 독립군의 개척자 - 이상룡의 독립정신
006 고종 황제의 마지막 특사 - 이준의 구국운동
007 민중과 함께 한 조선의 간디 - 조만식의 민족운동
008 봉오동·청산리 전투의 영웅 - 홍범도의 독립전쟁
009 유림 의병의 선도자 - 유인석
010 시베리아 한인민족운동의 대부 - 최재형
011 기독교 민족운동의 영원한 지도자 - 이승훈
012 자유를 위해 투쟁한 아나키스트 - 이회영
013 간도 민족독립운동의 지도자 - 김약연
014 대한민국 임시정부의 민족혁명가 - 윤기섭
015 서북을 호령한 여성독립운동가 - 조신성
016 독립운동 자금의 젖줄 - 안희제
017 3·1운동의 얼 - 유관순
018 대한민국임시정부의 안살림꾼 - 정정화
019 노구를 민족제단에 바친 의열투쟁가 - 강우규
020 미 대륙의 항일무장투쟁론자 - 박용만
021 영원한 대한민국임시정부의 요인 - 김철
022 혁신유림계의 독립운동을 주도한 선각자 - 김창숙
023 시대를 앞서간 민족혁명의 선각자 - 신규식
024 대한민국을 세운 독립운동가 - 이승만
025 한국광복군 총사령 - 지청천

026 독립협회를 창설한 개화·개혁의 선구자 - 서재필
027 만주 항일무장투쟁의 신화 - 김좌진
028 일왕을 겨눈 독립투사 - 이봉창
029 만주지역 통합운동의 주역 - 김동삼
030 소년운동을 민족운동으로 승화시킨 - 방정환
031 의열투쟁의 선구자 - 전명운
032 대종교와 대한민국임시정부 - 조완구
033 재미한인 독립운동의 표상 - 김호
034 천도교에서 민족지도자의 길을 간 - 손병희
035 계몽운동에서 무장투쟁까지의 선도자 - 양기탁
036 무궁화 사랑으로 삼천리를 수놓은 - 남궁억
037 대한 선비의 표상 - 최익현
038 희고 흰 저 천 길 물 속에 - 김도현
039 불멸의 민족혼 되살려 낸 역사가 - 박은식
040 독립과 민족해방의 철학사상가 - 김중건
041 실천적인 민족주의 역사가 - 장도빈
042 잊혀진 미주 한인사회의 대들보 - 이대위
043 독립군을 기르고 광복군을 조직한 군사전문가 - 조성환
044 우리말·우리역사 보급의 거목 - 이윤재
045 의열단·민족혁명당·조선의용대의 영혼 - 윤세주
046 한국의 독립운동을 도운 영국 언론인 - 배설
047 자유의 불꽃을 목숨으로 피운 - 윤봉길
048 한국 항일여성운동계의 대모 - 김마리아
049 극일에서 분단을 넘은 박애주의자 - 박열
050 영원한 자유인을 추구한 민족해방운동가 - 신채호

051 독립전쟁론의 선구자 광복회 총사령 – 박상진

052 민족의 독립과 통합에 바친 삶 – 김규식

053 '조선심'을 주창한 민족사학자 – 문일평

054 겨레의 시민사회운동가 – 이상재

055 한글에 빛을 밝힌 어문민족주의자 – 주시경

056 대한제국의 마지막 숨결 – 민영환

057 좌우의 벽을 뛰어넘은 독립운동가 – 신익희

058 임시정부와 흥사단을 이끈 독립운동계의 재상 – 차리석

059 대한민국임시정부의 초대 국무총리 – 이동휘

060 청렴결백한 대한민국 임시정부의 지킴이 – 이시영

061 자유독립을 위한 밀알 – 신석구